河南省高等学校哲学社会科学创新团队支持计划（项目组

信 阳 师 范 学 院 商 学 院 学 术 文 库

环境规制对中国经济增长质量的影响研究

陶　静◎著

中国财经出版传媒集团

经济科学出版社

Economic Science Press

图书在版编目（CIP）数据

环境规制对中国经济增长质量的影响研究／陶静著
. —北京：经济科学出版社，2023.4
ISBN 978 - 7 - 5218 - 4683 - 6

Ⅰ . ①环… Ⅱ . ①陶… Ⅲ . ①环境规划-影响-中国
经济-经济增长质量-研究 Ⅳ . ①F124

中国国家版本馆 CIP 数据核字（2023）第 064899 号

责任编辑：顾瑞兰
责任校对：杨 海
责任印制：邱 天

环境规制对中国经济增长质量的影响研究
HUANJING GUIZHI DUI ZHONGGUO JINGJI ZENGZHANG ZHILIANG DE YINGXIANG YANJIU
陶 静 著
经济科学出版社出版、发行 新华书店经销
社址：北京市海淀区阜成路甲 28 号 邮编：100142
总编部电话：010 - 88191217 发行部电话：010 - 88191522
网址：www. esp. com. cn
电子邮箱：esp@ esp. com. cn
天猫网店：经济科学出版社旗舰店
网址：http: // jjkxcbs. tmall. com
固安华明印业有限公司印装
710 × 1000 16 开 11.5 印张 170000 字
2023 年 4 月第 1 版 2023 年 4 月第 1 次印刷
ISBN 978 - 7 - 5218 - 4683 - 6 定价：63.00 元
（图书出现印装问题，本社负责调换。电话：010 - 88191545）
（版权所有 侵权必究 打击盗版 举报热线：010 - 88191661
QQ：2242791300 营销中心电话：010 - 88191537
电子邮箱：dbts@ esp. com. cn）

总　序

　　商学院作为我校 2016 年成立的院系，已经表现出了良好的发展潜力和势头，令人欣慰、令人振奋。办学定位准确，发展思路清晰，尤其在教学科研和学科建设上成效显著，此次在郑云院长的倡导下，拟特别资助出版的《信阳师范学院商学院学术文库》，值得庆贺，值得期待！

　　商学院始于我校 1993 年的经济管理学科建设。从最初的经济系到 2001 年的经济管理学院、2012 年的经济与工商管理学院，发展为 2016 年组建的商学院，筚路蓝缕、栉风沐雨，凝结着教职员工的心血与汗水，昭示着商学院瑰丽的明天和灿烂的未来。商学院目前拥有河南省教育厅人文社科重点研究基地——大别山区经济社会发展研究中心、理论经济学一级学科硕士学位授权点、工商管理一级学科硕士学位授权点、理论经济学河南省重点学科、应用经济学河南省重点学科、理论经济学校级博士点培育学科、经济学河南省特色专业、会计学河南省专业综合改革试点等众多科研平台与教学质量工程，教学质量过硬，科研实力厚实，学科特色鲜明，培养出了一批适应社会发展需要的优秀人才。

　　美国是世界近现代商科高等教育的发祥地，宾夕法尼亚大学于 1881 年创建的沃顿商学院是世界上第一所商学院，我国复旦公学创立后在 1917 年开设了商科。改革开放后，我国大学的商学院雨后春笋般成立，取得了可喜的研究成果，但与国外相比，还存在明显不足。

我校商学院无论是与国外大学相比还是与国内大学相比，都是"小学生"，还处于起步发展阶段。《信阳师范学院商学院学术文库》是起点，是开始，前方有更长的路需要我们一起走过，未来有更多的目标需要我们一道实现。希望商学院因势而谋、应势而动、顺势而为，进一步牢固树立"学术兴院、科研强院"的奋斗目标，走内涵式发展之路，形成一系列有影响力的研究成果，在省内高校起带头示范作用；进一步推出学术精品、打造学术团队、凝练学术方向、培育学术特色、发挥学术优势，尤其是培养一批仍处于"成长期"的中青年学术骨干，持续提升学院发展后劲并更好地服务地方社会，为我校实现高质量、内涵式、跨越式发展，建设更加开放、充满活力、勇于创新的高水平师范大学的宏伟蓝图贡献力量！

"吾心信其可行，则移山填海之难，终有成功之日；吾心信其不可行，则反掌折枝之易，亦无收效之期也。"习近平总书记指出，创新之道，唯在得人。得人之要，必广其途以储之。我们希望商学院加快形成有利于人才成长的培养机制、有利于人尽其才的使用机制、有利于竞相成长各展其能的激励机制、有利于各类人才脱颖而出的竞争机制，培植好人才成长的沃土，让人才根系更加发达，一茬接一茬茁壮成长。《信阳师范学院商学院学术文库》是一个美好的开始，更多的人才加入其中，必将根深叶茂、硕果累累！

让我们共同期待！

前　言

改革开放以来，中国的经济增长速度惊人，综合国力不断增强，人民生活水平显著提高。然而，飞速的经济增长也带来了诸多的环境问题：资源枯竭、雾霾锁城、生态退化、污染严重。这给我们敲响了警钟：单纯地追求经济增长数量和速度，会给自然环境和生态资源带来不可逆转的灾难，无法保证经济的可持续增长，无法实现建设人与自然和谐共生的现代化目标。在追求经济增长数量的同时，也应该考虑经济增长质量的提升，才能实现高质量发展的目标。于是，我们将研究的视角锁定在如何利用环境规制的手段实现环境保护与提高经济增长质量的共赢上。

本书拟解决三个问题：第一，如何度量中国经济增长质量；第二，环境规制是否影响中国经济增长质量；第三，环境规制怎样影响中国经济增长质量。如何度量经济增长质量水平是经济增长质量问题由定性分析演进为定量分析的关键环节。本书在现有文献的基础上，着重从经济增长的结构、效率、稳定性和持续性四个维度构建指标体系，利用主成分分析法和熵权法测算出中国经济增长质量分维度指数和综合指数，进而研究环境规制对经济增长质量的影响及其在区域和行业层面的异质性，并分析环境规制影响经济增长质量的作用路径；在此基础上，为中国制定适宜的环境规制政策、实现环境保护和经济高质量增长的双赢提供经验参考和启示性建议。

本书的具体研究内容主要包括以下八章。

第一章为导论。本部分首先阐明了本书的选题背景，提出本书拟研究的问题：经济增长质量的测度、环境规制是否影响经济增长质量，以及环境规制通过何种路径影响经济增长质量。其次，阐述了本书研究的理论意义和现实意义。最后，介绍本书的研究思路、技术路线、研究内容、研究方法及可能的创新与不足之处。

第二章为国内外文献综述。本部分主要是梳理与本书研究相关的国内外文献并对现有研究进行评述。（1）梳理环境规制的相关研究，包括环境规制的定义、环境规制的工具类型、环境规制强度的衡量等。（2）梳理经济增长质量的相关研究，主要侧重于经济增长质量内涵的界定、经济增长质量的测度等方面。（3）梳理环境规制对经济增长的影响的相关研究，通过理论研究和实证研究两个方面对已有文献研究进行梳理，以期探索环境规制与经济增长质量之间的前期成果，为本书的研究夯实基础。

第三章为环境规制影响经济增长质量的理论阐释。本部分在充分吸收已有研究的基础上，对环境规制影响经济增长质量的理论进行阐释。首先对经济增长质量进行理论阐释，界定经济增长质量的概念，梳理经济增长质量的理论渊源，并对环境规制与经济增长质量关系的理论进行阐释，厘清环境规制影响经济增长质量的理论根源，得出环境规制影响经济增长质量的理论机理，为本书的后续研究做理论铺垫。

第四章为中国环境规制政策的现状分析。本部分通过梳理中华人民共和国成立以来中国环境规制政策的发展变迁，并整理中国现行主要的环境规制类型，对中国环境规制政策的现状进行分析，为后续章节实证分析环境规制对中国经济增长质量的影响提供现实参考。

第五章为中国经济增长质量的测度与分析。本部分主要围绕中国经济增长质量指数的测度及分析展开研究。从经济增长的结构、效率、稳定性和持续性四个维度来构建指标体系，以综合评价经济增长的质量水平。在测度方法上，使用熵权法对各维度指数的每一基础指标进行客观赋权，利用主成分分析的降维技术简化各维度指数的指标体系，进而测算出经济增长质量的四个分维度指数；再用同样的方法测算经济增长质量的综合指数，即使用熵权法对每一维度指数进行客观赋权，然后利用主成分分析法的降维技术将四个分维度指数进行合成，得到经济增长质量的综合指数。此外，根据测算结果分别从总体层面和区域层面分析中国经济增长质量的演进趋势和地区差异。

第六章为环境规制影响中国经济增长质量的经验分析。本部分主要是环境规制影响经济增长质量的经验分析。在已有相关研究的基础上，构建环境规制影响经济增长质量的计量模型，并利用第五章测算出的中国经济增长质量分维度指数和综合指数，分别从全国层面（经济增长质量综合质量和分维度指数）、地区层面（东、中、西部分地区）和行业层面（轻度污染行业和重度污染行业）实证检验环境规制对中国经济增长质量的影响，并考察环境规制影响经济增长质量的区域异质性和行业异质性，同时从改变估计方法、改变估计样本以及改变核心解释变量的衡量指标等几个方面进行稳健性检验。在以上实证结果的基础上，通过拓展性讨论，进一步检验环境规制与经济增长质量之间的非线性关系。

第七章为环境规制影响经济增长质量的路径分析。本部分主要分析并实证检验环境规制对经济增长的影响路径。基于环境规制对中国经济增长质量的影响主要体现在经济增长效率和经济增长可持续性这两个维度，而要素生产率和技术创新分别是经济增长质量的效率维度和持续性维度的重要构成指标，本部分分别从要素生产率和技术创新两个方面分析环境规制对经济增长质量的影响路径，即环境规制影响

3

经济增长质量的要素生产率（包括劳动生产率和资本生产率）路径与技术创新（包括自主研发和技术引进）路径，通过构建计量模型，分别对环境规制影响经济增长质量的两种影响路径进行实证检验，同时考察这两种作用路径的区域异质性和行业异质性。

第八章为研究结论与政策启示。本部分对全书研究进行总结，得出本书的主要研究结论，并在此基础上，为中国制定适宜的环境规制政策、实现环境保护和经济高质量增长的双赢提供经验参考和启示性建议。

通过以上研究，得到的主要结论如下。

第一，基于中国经济增长质量总体层面的测度结果可以看出：（1）中国经济增长的结构维度指数呈现先下降后上升的"U"型变化趋势，即2000~2005年结构维度指数一直处于下降趋势，而2006年后开始逐渐上升，这说明在中国进行市场经济改革和经济结构转型的过程中，过去较不合理的需求结构、产业结构、金融结构、国际收支结构等逐步在朝着合理化的方向改善。（2）效率维度指数和持续性维度指数表现为显著的逐年递增趋势，增长率分别达到41.5%和46.3%，这说明2000~2016年中国的要素生产率和能源利用率在逐步提升，中国在技术创新和制度创新方面也在不断进步，经济可持续发展的能力在稳步提高。（3）稳定性维度指数呈现出较明显的阶段性特征，即2000~2006年稳定性维度指数表现为上升趋势，而2007~2016年则无较大调整，一直维持在一个相对固定的水平，这反映出在此期间中国经济在产出、就业及通货膨胀等方面处于一个较为稳定的状态。（4）综合来看，中国经济增长质量的综合指数2000~2016年呈现出明显的上升趋势，从2000年的1.515提高到2016年的2.426，年均增长2.99%。中国经济增长质量综合指数的变化趋势与效率维度指数和持续性维度指数的变化趋势是一致的，这也再次说明，2000~

2006 年中国经济增长质量的提高主要来源于经济增长效率维度和经济增长持续性维度的改善。

第二,基于中国经济增长质量区域层面的测度结果可以看出,中国各省份之间在经济增长质量的分维度指数和综合指数上都表现出了较大的差异性,即中国经济增长的质量水平在区域上很不平衡,并且这种区域间的经济增长质量不平衡性同时也是动态调整的。具体来说:(1) 中国区域间经济增长的结构发展水平极不平衡,两极分化情况非常显著。经济增长结构发展较好的地区普遍落入经济较为发达的地区,而中西部地区经济增长结构调整较为缓慢。(2) 位于西部地区的陕西省和甘肃省的经济增长效率维度指数在当前最高,经济较为发达的东部地区经济增长的效率维度指数排名也较为靠前,而大多数中西部地区及东北地区经济增长的效率较低,尤其是青海省、宁夏回族自治区和新疆维吾尔自治区等地区。(3) 经济增长稳定性较高的地区大多落入东北地区以及中西部地区;东部地区以及南部地区的经济增长速度虽然较快,但经济波动性较大,经济发展容易受到外部环境、内部波动等因素的影响而起伏波动;相对而言,东北地区和西部地区的稳定性较强。(4) 各地区在经济增长持续性维度差距悬殊,并且呈现出明显的地域特征。东部地区经济增长持续性水平相对较高,尤其是北京市、天津市和上海市等地区,而中西部地区的经济增长持续性水平整体偏低。(5) 各地区经济增长质量综合指数的排名也表现出显著的区域特征。

第三,对环境规制影响中国经济增长质量进行经验分析,研究发现:(1) 在整体层面,加大环境规制强度对提升中国整体的经济增长质量具有显著且稳定的促进作用,环境规制政策有助于实现环境保护和经济增长的双赢局面。但是,环境规制对经济增长分维度指数的影响存在明显的差异性。加强环境规制强度可以在一定程度上促进经济增长质量的效率维度和持续性维度的改善，而环境规制对经济增长质量的结构维度和稳定性维度无显著的促进作用。以上分维度指数的差异化结果反映出，环境规制对中国经济增长质量的影响主要体现在经济增长效率和经济增长可持续性这两个维度，而对于经济增长的结构维度和稳定性维度的影响并不明显。(2) 在地区层面，环境规制对不同地区经济增长质量的影响存在明显的区域异质性，即对中部地区的促进作用最为显著，其次为西部地区，而对东部地区无明显促进作用。(3) 在行业层面，由于不同类型行业的环境规制强度不同，环境规制对经济增长质量的影响呈现出明显的行业异质性，即重度污染行业的环境规制政策对经济增长质量的影响比轻度污染行业更为显著。(4) 从控制变量来看，资本密集度的提高并不利于经济增长质量的提升；作为技术进步基本依托的人力资本要素是提高经济增长质量的重要因素之一；企业规模的大小并未对经济增长质量产生明显影响；自主研发和技术引进都有助于提高经济增长质量；外资作为资本、先进技术和管理经验的载体，不仅可以促进中国经济规模的扩张，还可以有效提高中国经济增长的质量水平。以上主要结论在改变估计方法、改变估计样本以及改变核心解释变量的衡量指标后，依然保持稳健。(5) 通过拓展性讨论发现，环境规制对中国整体的经济增长质量会产生非线性的影响，二者之间存在着正向的倒 "U" 型动态关系，即在环境规制强度较低时，环境规制政策会促进经济增长质量的提高；但随着环境规制强度的不断提升，这种促进作用会逐渐弱化，当环境规制强度提高到一定水平时，反而会在一定程度上抑制经济增长质量的提高。

第四，从环境规制影响经济增长质量的作用路径来看，一方面，环境规制可以通过要素生产率路径来影响经济增长质量。环境规制对要素生产率会产生两种作用方向相反的影响，二者之间可能存在着一种非线性的影响关系。因此，在环境规制强度较弱阶段，环境规制将导致企业要素生产率的下降，不利于经济增长质量的提升；随着环境规制强度的不断加大，这种不利作用会逐渐消退，环境规制反而会提高企业的要素生产率，进而促进经济增长质量的提升。另一方面，环境规制还可以通过技术创新路径来影响经济增长质量。环境规制会通过"抵消效应""约束效应"和"创新补偿效应"对企业的技术创新投入产生综合影响，进而会影响到一国或地区的经济增长质量。

第五，对环境规制影响经济增长质量的要素生产率路径和技术创新路径进行实证检验，结果发现：（1）环境规制政策能够显著促进劳动生产率和资本生产率的提升，进而有利于经济增长质量在效率维度的改善，即环境规制影响经济增长质量的要素生产率路径是显著有效的。同时，比较而言，环境规制政策更主要是通过改善劳动生产率而促进中国经济增长质量的提升。（2）环境规制影响经济增长质量的要素生产率路径存在明显的区域异质性和行业异质性。从区域上看，环境规制影响经济增长质量的要素生产率路径在中部地区最为有效，其次为西部地区，而对东部地区并未发挥有效作用。从行业类型上看，环境规制影响经济增长质量的要素生产率路径在重度污染行业是显著有效的，该行业的环境规制政策有助于提高劳动生产率和资本生产率，进而促进了经济增长质量的改善；而轻度污染行业的环境规制政策并未对劳动生产率和资本生产率产生显著的促进作用，进而未能有效改善经济增长质量。（3）环境规制影响经济增长质量的技术创新路径也是显著有效的，但是两种技术创新方式的作用路径并不一致。在环境规制约束下，自主研发并没有促进经济增长质量改善，反而起到抑制作用，而技术引进却对经济增长质量的提高发挥了显著的促进作用。但总体来看，环境规制对技术创新的总效应与技术引进的方向是一致的，进而促进了中国经济增长质量水平的提升。（4）环境规制影响经济增长质量的技术创新路径也存在明显的区域异质性和行业异质性。从区域上看，东部地区的环境规制政策并未发挥出显著的"创新补偿效应"，以促进该地区经济增长质量的提升；中部地区环境规制政策的技术创新路径是显著有效的，并且该地区的技术创新路径在自主研发和技术引进两种方式上的作用方向是相反的；西部地区环境规制政策的技术创新路径也是显著有效的，但该地区的技术创新路径主要是通过技术引进的方式实现的，自主研发的作用渠道并不明显。

基于以上研究结论，本书为中国宏观经济政策和环境政策的制定提出了一些启示与建议。

目　录

第一章　导　论

第一节　选题背景与研究意义

一、选题背景

党的十九大报告作出中国特色社会主义已经进入了新时代的重大判断，深刻揭示出进入新时代，中国经济已由高速增长阶段转向高质量发展阶段，正处在转变发展方式、优化经济结构、转换增长动力的攻关期①。新时代中国特色社会主义的发展提出了更高的要求，这意味着中国的发展不仅要在量的方面继续增长，而且要注重经济增长的质量。经济从高速增长阶段转向高质量发展阶段，是划时代的变化。经济发展进入新时代，是中国经济发展阶段性特征的必然反映，呈现出速度变化、结构优化、动力转换等诸多新的特征。高质量发展要求的表现是：经济增长速度上，要由追求经济高速增长转为追求经济中高速增长；经济结构上，要由以增量扩能为主转为调整存量、做优增量；经济发展方式上，要由规模速度型转为质量效率型；经济发展动

① 2017 年习近平总书记在党的十九大报告中指出，"进入新时代，中国经济已由高速增长阶段转向高质量发展阶段，正处在转变发展方式、优化经济结构、转换增长动力的攻关期"。

力上，要由要素投入型转为创新驱动型。

改革开放以来，中国经济经过数十年的高速增长，经济实力和国际影响力大幅提升。然而，在"经济增长奇迹"的背后，中国同时承受了巨大的资源与环境代价，资源与环境的承载压力已逼近临界值（何强，2014）。加之世界范围内的高碳排放造成全球气候异常，这使得人口、资源和环境的变化所造成的经济增长的极限也显现出来。伴随中国经济进入"新常态"，过去依靠资源、环境、要素投入的规模扩张增长方式已难以为继，经济增长的动力转换与模式转变成为引领"新常态"和推动中国经济有质量、有效益、可持续发展的战略方向。一方面，国家从"十一五"规划到"十三五"规划不断提高对资源与环境的保护力度，并在《生态文明体制改革总体方案》中明确提出，实施环境保障措施，提高资源利用效率，改善环境质量。另一方面，"十三五"规划提出了更高质量、更有效率、更可持续的发展方向，要切实提高经济增长的质量和效益。然而，环境规制政策的实施势必会在一定程度上对创新投入产生"挤出效应"，不利于创新驱动力的形成，进而可能抑制经济增长质量的提升。因此，厘清环境规制与经济增长质量之间的关系，对于中国制定适宜的环境规制政策、实现经济结构性调整和经济高质量增长具有重要的现实意义，也是当前转型时期学术界亟待研究的重要议题。

二、研究意义

我国经济发展进入新阶段，追求高质量发展就必须兼顾经济增长与环境保护，在此时代背景下，衡量中国的经济增长质量，研究环境规制对中国经济增长质量的影响，具有重要的理论和现实意义。

（一）理论意义

经济增长一直是经济领域的重点研究议题，而对于经济增长质量的研究是经济增长议题的重要部分。因此，如何度量经济增长质量水平是经济增长质量问题由定性分析演进为定量分析的关键环节。本书研究的理论意义在于，一方面，对经济增长质量的界定及测算进行了有益拓展，即将经济增长质量定义为在实现经济效率的提高、经济结构均衡发展和经济平稳运行的同时达到经济社会的长期可持续发展，进而从经济增长的结构、效率、稳定性和持续性四个维度构建指标体系，分别测算经济增长质量分维度指数和综合指数；另一方面，有助于厘清环境规制与经济增长质量之间的关系，以及环境规制对经济增长质量的影响路径。

（二）现实意义

伴随中国经济进入"新常态"，过去依靠资源、环境、要素投入的规模扩张增长方式已难以为继，经济增长的动力转换与模式转变成为引领"新常态"和推动中国经济有质量、有效益、可持续发展的战略方向。本书的研究，一方面，可以了解和考察中国经济增长质量的现实状况及区域差异，掌握中国经济增长质量演进的动态趋势，有助于国家针对性制定相应的产业政策、金融政策、收入分配政策等；另一方面，对于中国制定适宜的环境规制政策、实现环境保护和经济高质量增长的双赢具有重要的指导意义。

第二节 研究思路、内容与方法

一、研究思路与技术路线

本书在现有文献的基础上，着重借鉴钞小静和任保平（2011）、王薇和任保平（2015）的研究思路，从经济增长的结构、效率、稳定性和持续性四个维度构建指标体系，并利用主成分分析法和熵权法测算出中国经济增长质量分维度指数和综合指数，进而研究环境规制对经济增长质量的影响及其在区域和行业层面的异质性，并分析环境规制影响经济增长质量的作用路径；在此基础上，为中国宏观经济政策和环境政策的制定提供经验参考。本书具体的研究思路和框架结构如图1－1所示。

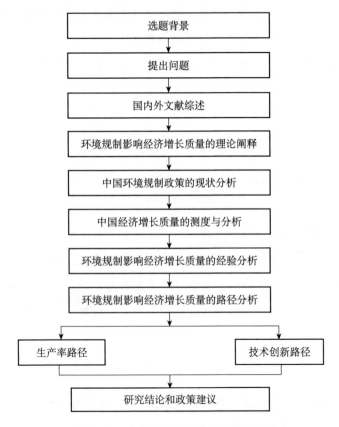

图1－1　本书的研究思路和框架结构

第一，在充分吸收已有研究的基础上，本书对经济增长质量进行理论阐释，界定经济增长质量的概念，梳理经济增长质量的理论渊源，并对环境规制影响经济增长质量的理论根源进行阐释，厘清环境规制对经济增长质量的影响，得出环境规制影响经济增长质量的理论机理，为本书的后续研究做了理论铺垫。

第二，本书通过梳理中华人民共和国成立以来中国环境规制政策的发展变迁并整理中国现行主要的环境规制类型，对中国环境规制政策的现状进行分析，为后续章节实证分析环境规制对中国经济增长质量的影响提供现实参考。

第三，本书从经济增长的结构、效率、稳定性和持续性四个维度来构建指标体系，综合评价经济增长的质量水平。使用熵权法和主成分分析相结合的方法分别测算出经济增长质量的四个分维度指数和综合指数，并根据测算结果分别从总体层面和区域层面分析中国经济增长质量的演进趋势和地区差异。然后，本书构建环境规制影响经济增长质量的计量模型，分别从全国层面（经济增长质量综合质量和分维度指数）、地区层面（东、中、西部分地区）和行业层面（轻度污染行业和重度污染行业）实证检验环境规制对中国经济增长质量的影响，并考察环境规制影响经济增长质量的区域异质性和行业异质性，同时，从改变估计方法、改变估计样本以及改变核心解释变量的衡量指标等几个方面进行稳健性检验。此外，通过拓展性讨论，进一步检验环境规制与经济增长质量之间的非线性关系。

第四，本书基于环境规制对中国经济增长质量的影响主要体现在经济增长效率和经济增长可持续性这两个维度，而要素生产率和技术创新分别是经济增长质量的效率维度和持续性维度的重要构成指标，分别从要素生产率和技术创新两个方面分析环境规制对经济增长质量的影响路径，即环境规制影响经济增长质量的要素生产率（包括劳动生产率和资本生产率）路径与技术创新（包括自主研发和技术引进）路径。通过构建计量模型，分别对环境规制影响经济增长质量的两种影响路径进行实证检验，同时考察这两种作用路径的区域异质性和行业异质性。

第五，对全书研究进行总结，并基于本书的研究结论，为中国制定适宜的环境规制政策、实现环境保护和经济高质量增长的双赢提供经验参考和启示性建议。

二、研究内容

根据上述研究思路，本书将分以下八章进行研究，具体安排如下。

第一章为导论。本部分首先阐明了本书的选题背景，提出本书拟研究的问题；其次，阐述了本书研究的理论意义和现实意义；最后，介绍本书的研究思路、技术路线、研究内容、研究方法及可能的创新与不足之处。

第二章为国内外文献综述。本部分主要是梳理与本书研究相关的国内外文献并对现有研究进行评述。（1）梳理环境规制的相关研究，包括环境规制的定义、环境规制的工具类型、环境规制强度的衡量等。（2）梳理经济增长质量的相关研究，主要侧重于经济增长质量内涵的界定、经济增长质量的测度等方面。（3）梳理环境规制对经济增长的影响的相关研究，通过理论研究和实证研究两个方面对已有文献研究进行梳理，以期探索环境规制与经济增长质量之间的前期成果，为本书的研究夯实基础。

第三章为环境规制影响经济增长质量的理论阐释。本部分在充分吸收已有研究的基础上，对环境规制影响经济增长质量的理论进行阐释。首先对经济增长质量进行理论阐释，界定经济增长质量的概念，梳理经济增长质量的理论渊源，并对环境规制与经济增长质量关系的理论进行阐释，厘清环境规制影响经济增长质量的理论根源，得出环境规制影响经济增长质量的理论机理，为本书的后续研究做理论铺垫。

第四章为中国环境规制政策的现状分析。本部分通过梳理中华人民共和国成立以来中国环境规制政策的发展变迁，并整理中国现行主要的环境规制类型，对中国环境规制政策的现状进行分析，为后续章节实证分析环境规制对中国经济增长质量的影响厘清思路。

第五章为中国经济增长质量的测度与分析。本部分主要围绕中国经济增长质量指数的测度及分析展开研究。借鉴钞小静和任保平（2011）、王薇和任保平（2015）的研究思路，本书从经济增长的结构、效率、稳定性和持续性四个维度来构建指标体系，以综合评价经济增长的质量水平。在测度方法上，使用熵权法对各维度指数的每一基础指标进行客观赋权，利用主成分分析的降维技术简化各维度指数的指标体系，进而测算出经济增长质量的四个分维度指数；再用同样的方法测算经济增长质量的综合指数，即使用熵权法对每一维度指数进行客观赋权，然后利用主成分分析法的降维技术将四个分维度指数进行合成，得到经济增长质量的综合指数。此外，根据测算结果分别从总体层面和区域层面分析中国经济增长质量的演进趋势和地区差异。

第六章为环境规制影响中国经济增长质量的经验分析。本部分主要是环境规制影响经济增长质量的经验分析。在已有相关研究的基础上，构建环境规制影响经济增长质量的计量模型，并利用第五章测算出的中国经济增长质量分维度指数和综合指数，分别从全国层面（经济增长质量综合质量和分维度指数）、地区层面（东、中、西部分地区）和行业层面（轻度污染行业和重度污染行业）实证检验环境规制对中国经济增长质量的影响，并考察环境规制影响经济增长质量的区域异质性和行业异质性，同时从改变估计方法、改变估计样本以及改变核心解释变量的衡量指标等几个方面进行稳健性检验。在以上实证结果的基础上，通过拓展性讨论，进一步检验环境规制与经济增长质量之间的非线性关系。

第七章为环境规制影响经济增长质量的路径分析。本部分主要分析并实证检验环境规制对经济增长质量的影响路径。基于环境规制对中国经济增长质量的影响主要体现在经济增长效率和经济增长可持续性这两个维度，而要素生产率和技术创新分别是经济增长质量的效率维度和持续性维度的重要构成指标，本部分分别从要素生产率和技术创新两个方面分析环境规制对经济增长质量的影响路径，即环境规制影响经济增长质量的要素生产率（包括劳动生产率和资本生产率）路径与技术创新（包括自主研发和技术引进）路径，通过构建计量模型，分别对环境规制影响经济增长质量的两种影响路径进行实证检验，同时考察这两种作用路径的区域异质性和行业异质性。

第八章为研究结论与政策启示。本部分对全书研究进行总结，得出本书的主要研究结论，并在此基础上，为中国制定适宜的环境规制政策、实现环境保护和经济高质量增长的双赢提供经验参考和启示性建议。

三、研究方法

一是理论分析和经验分析相结合。一方面，本书在充分借鉴和吸收现有研究成果的基础上，对经济增长质量进行界定，并对经济增长质量的理论渊源、环境规制与经济增长质量相关关系的理论机理（包括资源的稀缺性理论、市场失灵理论、外部性理论、公共物品理论和产权理论）进行阐释。在以上相关理论的基础上，本书进一步分析环境规制影响经济增长质量的理论机理。另一方面，本书通过构建计量模型，分别从总体层面、地区层面和行业层面对环境规制对经济增长质量的影响及影响路径进行经验研究。在经验研究中，本书主要使用了系统广义矩估计法（SYS GMM）、两阶段最小二乘法（2SLS）等计量方法。

二是定性分析和定量分析相结合。定性分析即为对研究对象"质"的特征的研究。在经济学中，一般通过对经济现象的定性分析来揭示特定的经济关系或经济发展规律。本书运用定性分析方法主要体现在通过文献综述和理论阐释，界定经济增长质量的概念，厘清环境规制与经济增长质量之间的理论渊源，以及环境规制对经济增长质量的影响机理。定量分析即为对研究对象"量"的特征的研究，主要分析各因素之间的数量关系。本书运用定量分析主要体现在：第一，趋势分析法，在测度经济增长质量指数的基础上，分析中国经济增长质量综合指数和分维度指数的演进趋势，比较各省份之间经济增长质量的排名变化；第二，计量分析法，对环境规制及其他影响因素与经济增长质量之间的关系进行量化，分析各因素对经济增长质量的影响效应。

三是比较分析法。本书运用比较分析法主要体现在：第一，基于区域层面的经济增长质量测度结果，比较各省份之间在经济增长质量的分维度指数和综合指数上的差异及各省份经济增长质量指数排名的变化；第二，在地区层面的经验分析中，比较东部地区、中部地区及西部地区环境规制对经济增长质量的差异性影响，以及比较环境规制对经济增长质量的影响路径在各地区的差异性；第三，在行业层面的经验分析中，比较轻度污染行业和重度污染行业的环境规制政策对经济增长质量的差异性影响，以及比较环境规制对经济增长质量的影响路径在两类行业上的差异性。

—————— 第三节　本书的创新与不足 ——————

一、本书可能的创新之处

在充分借鉴现有相关文献的基础上，本书从经济增长的结构、效率、稳定性和持续性四个维度构建指标体系，并利用主成分分析法和熵权法测算出中国经济增长质量的分维度指数和综合指数，进而研究环境规制对经济增长质量的影响及其在区域和行业层面的异质性，并分析环境规制影响经济增长质量的作用路径。本书可能的创新之处主要有以下几点。

第一，本书为测度经济增长质量构建了一个较为全面的指标体系。在经济增长的结构维度上考虑了需求结构、产业结构、城乡二元结构、金融结构、收入分配及国际收支六个方面；在经济增长的效率维度上包含了要素生产率和能源利用率两个方面；在经济增长的稳定性维度上包括了产出波动、就业波动和物价波动三个方面；在经济增长的持续性维度上考察了技术创新和制度创新两个方面。同时，在测算方法上，本书使用熵权法和主成分分析相结合的方法，既避免指标权重赋值的主观性，又能充分利用原始数据反映的客观信息。

第二，现有研究对环境规制与经济增长之间的关系进行了多方面的探讨，虽然得出的结论不尽一致，但主要围绕经济增长的规模或速度开展研究，较少涉及经济增长的质量维度。少数文献考察了环境规制对中国经济增长质量的提升作用，但主要是以全要素生产率作为经济增长质量的代理变量，可能忽略了经济增长质量中的其他因素。本书在现有文献的基础上，从经济增长的结构、效率、稳定性和持续性四个维度构建指标体系，测算中国经济增长质量分维度指数和综合指数，并实证检验环境规制对中国经济增长质量的影响，这是对现有相关研究的有益补充。

第三，基于环境规制影响经济增长质量的经验研究结果，本书从要素生产率和技术创新两个方面剖析了环境规制对经济增长质量的影响路径，并从总体层面、地区层面及行业层面进行了充分的实证检验，一方面有助于厘清环境规制、要素生产率、技术创新与经济增长质量之间的关系，另一方面为有效实现环境保护和经济高质量增长的双赢提供了经验证据。

二、本书的不足与研究展望

本书的研究为考察中国经济增长质量的现实状况及演进趋势提供了一个测度指标体系，同时也为实现环境保护和经济高质量增长的双赢提供了经验参考，但仍然只是一个起步研究，还存在一些分析不足和有待进一步拓展的问题。

第一，本书从经济增长的结构、效率、稳定性和持续性四个维度构建了经济增长质量的测度指标体系，虽然已经包括了经济结构、经济效率、经济稳定性和经济持续性等多个方面，但是在选取各维度指数的基础指标时，受限于各地区相关数据的可获得性，舍弃了一些比较重要的相关指标。显然，数据的可获得性在一定程度上限制了本书研究的精确性。

第二，本书着重从环境规制的角度考察了其对经济增长质量的影响及其作用机制，事实上，经济增长质量的影响因素较多，如消费、投资结构、产业结构、收入分配结构、城市化水平等，这些都是值得进一步拓展研究的方向。

第二章　国内外文献综述

国内外学者对于环境规制和经济增长质量都进行过深入而细致的研究，本章主要回顾和梳理与本书研究相关的文献，主要包括环境规制（定义、工具类型、强度度量）的相关研究、经济增长质量（内涵界定、测度方法）的相关研究以及环境规制对于经济增长影响的相关研究（理论研究、实证研究）。现有文献对本书理解经济增长质量如何度量以及环境规制如何影响经济增长质量提供了多维度的研究视角，同时也为本书的写作思路提供了借鉴和启发，为本书的研究夯实了基础。

第一节　关于环境规制的研究

环境规制的最终目的是通过合理而适宜的规制工具约束企业的污染行为，减少"三废"的排放，激励绿色技术创新，实现经济增长与生态环境的双赢。本书将从环境规制的定义、环境规制工具类型、环境规制的强度衡量三个方面对环境规制相关研究进行梳理总结。

一、环境规制的定义

环境规制是一种政府规制行为。《新帕尔格雷夫经济学大辞典》对规制做出了两种解释：一是指政府或国家以经济管理的名义进行的干预和控制，二是政府为阻止不充分重视社会利益的私人决策而对企业的价格、销售和生产决策采取的各种行动。日本学者植草益认为，规制就是社会公共机构依据一定的规则对企业的活动进行限制的行为①。美国芝加哥学派代表人物施蒂格勒（Stiegler，1996）认为，规制是国家运用其强制权的一种规则，是为了实现统治阶级利益而设计并且实施的一种工具②。美国学者丹尼尔·F. 史普博（Daniel F Spober，1999）认为，规制是由行政机关制定并执行的直接干预市场配置机制或间接改变企业和消费者的供需决策的一般规则或特殊行为③。国内学者文学国从维护利益分配的正义性角度出发，将政府规制定义为，"政府为了维护不同市场参与者之间的利益均衡与利益分配的公平合理，依照有关法律法规，对市场参与者实施的干预措施"④。政府规制的主体是具有行政权力的国家行政机关，被规制的对象通常是市场上各类企业行为，政府规制具有强制执行力，受规制主体必须严格执行，否则会面临一定的惩罚。

环境规制属于社会性规制，是政府为保护环境、保障公众健康，通过法律、行政法规等手段对企业的环境污染行为进行防范与控制。环境规制是对环境问题的一种必要反应⑤。赵玉民、朱方明和贺立龙指出，环境规制是一种为保护环境、以有形的制度纲领或无形的思想

---

①　[日] 植草益. 微观制止经济学 [M]. 朱绍文，译. 北京：中国发展出版社，1992：1 - 2.

②　[美] 施蒂格勒. 产业组织与政府管制 [M]. 潘振民，译. 上海：上海三联书店，上海人民出版社，1996.

③　[美] 丹尼尔·F. 史普博. 管制与市场 [M]. 余晖，何帆，钱家俊，等译. 上海：上海三联书店，上海人民出版社，1999：44 - 45.

④　文学国. 政府规制：理论、政策与案例 [M]. 北京：中国社会科学出版社，2012：5.

⑤　Jaffe, A B, Newell, R G, Stavins, R N. A Tale of Two Market Failures: Technology and Environmental Policy. Ecol. Econ. 2005, 54 (2)：164 - 174.

意识而存在的约束性力量①。赵红②、王文普③认为，环境规制出现于当我国经济发展到一定阶段，环境污染的外部性越来越明显，政府为调节企业的经济活动、约束企业的污染行为而制定的一系列政策措施，以达到约束企业的污染行为、实现环境保护与经济增长双赢的目标，它是社会规制的重要内容之一。借鉴已有文献的描述和分析，本书将环境规制定义为：为防范和控制环境污染、保护生态环境，以政府行政命令、市场机制调节以及企业和公众的自我约束为主要规制形式，多方共同参与的一种规制方式和调控手段。

二、环境规制的工具类型

环境规制目标的实现离不开合理设定、科学有效的环境规制工具，通过实施合理的环境规制工具对企业和消费者行为加以约束干预，可以达到控制环境污染、实现经济与环境共同发展的目的。

学者们对于环境规制的工具类型有着不同的见解。根据规制工具的不同特点，环境规制可以有多种分类。斯特纳（Sterner，2005）将环境规制分为四种类型，即命令控制型环境规制、市场创建型环境规制、利用市场型环境规制以及公众参与型环境规制④。张嫚将规制工具分为两种类型，即正式环境规制和非正式环境规制，并进一步将正式环境规制工具进行分类，指出正式环境规制工具可分为命令控制型环境规制和市场激励型环境规制⑤。张弛和任建婷从国际贸易的视角

---

① 赵玉民，朱方明，贺立龙. 环境规制的界定、分类与演进研究［J］. 中国人口·资源与环境，2009（6）：85-90.

② 赵红. 环境规制对中国产业技术创新的影响［J］. 经济管理，2007（21）：57-61.

③ 王文普. 环境规制竞争对经济增长效率的影响：基于省级面板数据分析［J］. 当代财经，2011（9）：22-34.

④ Sterner T. Environmental Fiscal Reform for Poverty Reduction［J］. Sourceoecd Transition Economies，2005：1-111（112）.

⑤ 张嫚. 环境规制与企业行为间的关联机制研究［J］. 财经问题研究，2005（4）：34-39.

出发，将环境规制工具划分为三种：进口国环境规制、出口国环境规制以及多变环境规制①。金碚从实施资源环境管制的视角出发，将政府干预资源环境负外部性的行为看作环境规制政策工具，将政府干预的方式分为三类：命令—控制式、经济方式和产权方式。其中，命令—控制式环境规制是指政府明确规制的必须禁止或限制的企业行为，经济方式环境规制是指通过征收环境污染税的方式将环境污染负外部性行为内部化，产权方式的环境规制是指通过产权交易的行为将产权边界清晰化，通过排放权交易行为规制环境污染行为。② 赵玉民、朱方明和贺立龙分析了环境规制工具的历史演进过程，在此基础上提出环境规制工具可划分为两类：显性环境规制和隐性环境规制。③ 目前学术界普遍接受的是经济合作与发展组织（OECD）提出的环境规制工具的分类方法，即命令控制型、市场激励型、自愿型环境规制。

三、环境规制强度的衡量

环境规制强度的衡量，有些学者从定性的角度衡量环境规制强度，有些学者则从定量的角度衡量环境规制强度，有些学者从投入的角度衡量环境规制强度，有些学者则从产出的角度衡量环境规制强度。通过总结国内外学者的观点，我们将环境规制强度的衡量方法归纳如下。

（一）国外学者的衡量方法

国外学者对环境规制强度的衡量方法主要有四种：第一种是采用

---

① 张弛，任剑婷. 基于环境规制的我国对外贸易发展策略选择 [J]. 生态经济，2005（10）：169–171.

② 金碚. 资源环境管制与工业竞争力关系的理论研究 [J]. 中国工业经济，2009（3）：5–17.

③ 赵玉民，朱方明，贺立龙. 环境规制的界定、分类与演进研究 [J]. 中国人口·资源与环境，2009（6）：85–90.

环境规制的法律、法规的数量来表示环境规制的强度大小①；第二种是采用污染减排成本来衡量环境规制强度的大小②；第三种是采用污染减排量来衡量环境规制强度的大小③；第四种是采用污染设施运行成本来衡量环境规制强度大小④。

（二）国内学者的衡量方法

国内学者对于环境规制强度的衡量通常采用以下五种方法：第一种方法是用实际污染排放量或污染去除率衡量环境规制强度，如傅京燕和李丽莎⑤，李小平、卢现祥和陶小琴⑥，张志强⑦，黄建欢、谢优男和余燕团⑧；第二种方法是以地区经济发展水平来衡量环境规制强度，如陆旸⑨等；第三种方法是用 GDP 除以能源消耗得出的数值来衡量环境规制强度，如李勃昕、韩先锋和宋文飞⑩，涂红星和肖序⑪；

① Berman E，Bui L T M. Environmental Regulation and Productivity：Evidence from Oil Refineries ［J］. Review of Economics and Statistics，2001，83（3）：498 – 510.

② Gray W B，Shadbegian R J. Plant Vintage，Technology，and Productivity，and Environmental Regulation ［J］. Journal of Environmental Economics and Management，2003，46（3）：384 – 402.

③ Ramanathan R，Black A，Nath P，et al. Impact of Environmental Regulations on Innovation and Performance in the UK Industrial Sector ［J］. Management Decision，2010，48（10）：1493 – 1513.

④ Lanoie P，Patry M. Environmental Regulation and Productivity：New Findings on the Porter Hypothesis ［R］. Working Paper，2001.

⑤ 傅京燕，李丽莎. 环境规制、要素禀赋与产业国际竞争力的实证研究——基于中国制造业的面板数据 ［J］. 管理世界，2010（10）：87 – 98，187.

⑥ 李小平，卢现祥，陶小琴. 环境规制强度是否影响了中国工业行业的贸易比较优势 ［J］. 世界经济，2012（4）：62 – 78.

⑦ 张志强. 环境规制提高了中国城市环境质量吗？——基于"拟自然实验"的证据 ［J］. 产业经济研究，2017（3）：69 – 80.

⑧ 黄建欢，谢优男，余燕团. 城市竞争、空间溢出与生态效率：高位压力和低位吸力的影响 ［J］. 中国人口·资源与环境，2018（3）：1 – 12.

⑨ 陆旸. 环境规制影响了污染密集型产品的贸易比较优势吗？ ［J］. 经济研究. 2009（4）：28 – 40.

⑩ 李勃昕，韩先锋，宋文飞. 环境规制是否影响了中国工业 R&D 创新效率 ［J］. 科学学研究，2013（7）：1032 – 1040.

⑪ 涂红星，肖序. 行业异质性、效率损失与环境规制成本——基于 DDF 中国分行业面板数据的实证分析 ［J］. 云南财经大学学报，2014（1）：21 – 29.

第四种方法是用污染治理成本或环境污染治理投资衡量环境规制强度，如赵红[①]，张成、陆旸、郭路等[②]，沈能[③]；第五种方法是通过缴纳排污费用数额来衡量环境规制强度，如韩晶、刘远和张新闻[④]。

—— **第二节　经济增长质量的相关研究** ——

国内外学者对于经济增长质量的研究，均始于对经济增长数量的研究。经济增长质量是在经济增长数量基础上数量与质量的协调统一，经济增长质量是经济增长数量累积到一定阶段的产物。[⑤] 本节首先将国外学者对于经济增长质量的几种代表性的观点做一归纳和梳理；然后从经济增长质量的内涵界定、经济增长质量的测度以及影响经济增长质量的因素三个方面，对国内学者关于经济增长质量的相关研究进行回顾和整理。

一、国外经济增长质量的研究

早在古典经济学时代，一部分经济学家在关注经济增长数量的同时，就已经开始关注经济增长质量问题了，但是直接研究经济增长质量的文献并不多见。1848 年，英国经济学家约翰·穆勒（John Muller）在其《政治经济学原理》一书中指出，假如经济增长的成果不能使更多的人受益，那么这种经济增长便失去了意义，既不符合经济学

---

① 赵红. 环境规制对中国产业技术创新的影响 [J]. 经济管理，2007（21）：57－61.

② 张成，陆旸，郭路，等. 环境规制强度和生产技术进步 [J]. 经济研究，2011（2）：113－124.

③ 沈能. 环境效率、行业异质性与最优规制强度——中国工业行业面板数据的非线性检验 [J]. 中国工业经济，2012（3）：56－68.

④ 韩晶，刘远，张新闻. 市场化、环境规制与中国经济绿色增长 [J]. 经济社会体制比较，2017（5）：105－115.

⑤ 任保平. 经济增长质量的逻辑 [M]. 北京：人民出版社，2015：14.

追求"最大多数人的最大幸福"的道德原则，也是违背伦理的。① 也就是说，约翰·穆勒认为经济增长应该满足大多数人的利益，经济增长的成果应该为更多的人享用。该观点可以看作经济学家探索经济增长质量的思想萌芽。

1977 年，苏联经济学家卡马耶夫（Kamayev）在其《经济增长的速度和质量》一书中提出了他对经济增长质量的解释。② 卡马耶夫认为，经济增长是物质生产资源变化过程的总和，在此过程中不仅增加了产品的数量，而且提高了产品的质量。他还指出，经济增长的概念应该由生产量的增加、资源的增长、产品质量的提升、生产效率的提高以及消费品消费效果的提高共同组成。卡马耶夫的观点源于 20 世纪六七十年代其对苏联经济增长过程中出现的质量问题的探索与反思，代表了经济学家探索经济增长质量的早期思想。

20 世纪七八十年代，匈牙利经济学家亚诺什·科尔奈（János Kornai）在其一系列著作中，针对社会主义经济中的问题提出了自己对于经济增长模式的理解，他反对"突进"的经济增长模式，提出"只有和谐的增长才是健康增长"的经济思想，从和谐增长的角度探讨了经济增长质量问题。③ 科尔奈指出，在以往的经济增长理论研究过程中，人们都注重用数量来衡量经济增长过程，完全忽略了经济增长的质量方面，片面追求"突进"式的增长，与其和谐增长的思想背道而驰。他认为，和谐增长才是经济增长的理想模式，而"突进"式增长通过牺牲、延期、忽视的方式达到强制增长的目的，这种重视数量、忽视质量的经济增长方式应该被摒弃。

2000 年，托马斯（Thomas）在其著作《增长的质量》中指出，

---

① ［英］约翰·穆勒. 政治经济学原理［M］. 北京：商务印书馆，1991.
② ［苏］卡马耶夫. 经济增长的速度和质量［M］. 武汉：湖北人民出版社，1983.
③ 亚诺什·科尔奈的代表著作有：《突进与和谐的增长》（1971）、《短缺经济学》（1980）、《增长、短缺与效率》（1982）等。

经济增长质量是经济增长过程中的关键环节，是经济发展的步伐补充，经济增长质量包括分配的机会和环境的可持续性。托马斯指出，很多国家都把 GDP 的增长速度看作是衡量一个国家强弱的标准，但经济增长速度并不能反映经济增长质量。托马斯在其著作中通过对具有相似经济增长率的不同国家进行对比，得出对于不同的国家来说，即使两个国家的经济增长率相同，但其相同的经济增长率背后却可能让人民享受着千差万别的福利水平，这充分说明经济增长的数量和速度远不能衡量一个国家的进步水平。

罗伯特·巴罗（Robert J Barro，2002）从现代经济增长理论的角度研究了经济增长质量，认为经济增长质量包含很广泛的意义，涉及影响经济增长的政治因素、社会因素以及宗教因素，其中，居民受教育程度、居民的预期寿命、国民身体素质、收入水平以及国家的法律水平、公共秩序状况都属于经济增长质量考量范畴。①

二、国内关于经济增长质量的相关研究

自中华人民共和国成立以来，国内学者对于经济增长质量的探索就没有停止过，改革开放以后，我国学者对经济增长质量的研究进入了一个新阶段。国内学者对于经济增长质量的研究主要集中在两个方面：对经济增长质量内涵的界定以及经济增长质量测度方法的研究。

（一）对经济增长质量内涵的研究

国内学者对于经济增长质量的内涵主要有两种具有代表性的理解，一种是狭义上的理解，另一种是广义上的理解。狭义上对经济增长质量的理解是指资源要素投入比例及经济增长的效率。② 广义上对

---

① 巴罗是新古典经济学的代表性人物，他在公共财政、经济增长、货币理论与政策等领域都有卓越贡献，本书主要梳理巴罗对经济增长质量的研究，其主要观点来自巴罗的著作《经济增长的决定因素：跨国经验研究》，中国人民大学出版社 2004 年版。

② 任保平. 经济增长质量的逻辑 [M]. 北京：人民出版社，2015：21.

经济增长质量的理解是将经济增长质量作为一个具有社会性、经济性和全局性的综合概念，赋予经济增长质量极其丰富的内涵。

1. 对经济增长质量狭义上的理解

任保平指出，狭义的经济增长质量是指资源要素投入比例、经济增长效果及经济增长的效率，体现的是经济增长方式的转变问题。[①] 毛健指出，经济增长质量包括经济运行质量、经济整体素质和经济社会效益三方面的内涵，这三个方面相互联系、相互影响。毛健进一步指出，经济增长质量是经济增长的根本性问题。[②] 武义青指出，无论是对于一个国家还是对于一个地区而言，经济增长既是经济数量的增长，也是经济系统素质的提升。其中，经济系统素质的提升就是经济增长质量，应该通过投入产出比来衡量。同样的投入量若能获得较高的产出效率，则表示经济增长质量较高，相反，则表示经济增长质量较低。[③] 林兆木指出，在经济社会发展过程中，只重视经济数量的增多和经济规模的扩大是远远不够的，更应该重视经济质量的提升和经济效益的改善，还要在发展经济的同时，重视自然资源的节约和生态环境的保护，追求人与自然、经济与社会和谐可持续发展。[④] 他还进一步指出，高质量的经济增长应包括低通货膨胀、投入减少产出增加、结构合理优化升级、商品和服务质量不断提高、资源环境保护的经济增长。[⑤] 郭克莎通过对比经济增长速度和经济增长质量之间的关系，指出经济增长质量应体现以下几个要点：一是经济增长效率的高低，主要通过综合要素生产率（TFP）的增长率及其贡献率的高低来

---

① 任保平. 经济增长质量的逻辑 [M]. 北京：人民出版社，2015：21.
② 毛健. 论提高我国经济增长的质量 [J]. 南开经济研究，1995（3）：10-15.
③ 武义青. 经济增长质量的度量方法及其应用 [J]. 管理现代化，1995（5）：32-34.
④ 林兆木. 实行经济与社会长期可持续发展战略是我国的必然选择 [J]. 宏观经济管理，1995（11）：14-15.
⑤ 林兆木. 提高经济增长质量的六条标准 [J]. 卫生经济研究，1995（8）：90-93.

体现；二是国际竞争力的强弱，主要通过一个国家或地区的产品及服务的质量水平和相对成本水平来衡量；三是通货膨胀的高低，主要通过通货膨胀率的大小来体现；四是环境污染的严重程度，主要通过环境污染面积和环境污染率来衡量。① 王积业指出，经济增长不仅仅是单方面经济数量的提高，还应该是经济增长数量的提高和经济增长质量的提升二者统一的结果。② 赵英才、张纯洪和刘海英指出，要从经济系统的投入产出效率、最终产品或服务的质量、环境和生存质量三个层面来界定经济增长质量的内涵。③

2. 对经济增长质量广义上的理解

学者们对广义的经济增长质量具有不同视角的解读。胡钧认为，一个国家的经济增长由质和量两个方面组成，质的评价比量的增长更加重要；经济增长质量主要通过两方面衡量：一是重大经济结构，二是企业的经济效益。④ 王玉梅、胡宝光综合了国内外不同学者的观点，界定了经济增长质量的内涵，认为经济增长质量的内涵包括六个方面的因素：一是经济增长的持续稳定性；二是经济增长效率的提升；三是经济结构的优化；四是产品和服务质量的增加；五是资源环境状况的改善；六是人民生活水平的提高。⑤ 钟学义认为，经济增长质量不单单通过要素生产率衡量，还要考虑经济结构以及经济波动等多方面因素。⑥ 彭德芬指出，经济增长质量应考虑居民生活质量，更要兼顾生存环境质量。⑦ 马建新、申世军通过对国内外文献的综述，得出经

① 郭克莎. 论经济增长的速度和质量 [J]. 经济研究, 1996 (1)：36 - 42.
② 王积业. 关于提高经济增长质量的宏观思考 [J]. 宏观经济研究, 2000 (1)：11 - 17.
③ 赵英才，张纯洪，刘海英. 转轨以来中国经济增长质量的综合评价研究 [J]. 吉林大学社会科学学报, 2006 (3)：29 - 37.
④ 胡钧. 着力提高经济增长的质量和效益 [J]. 高校理论战线, 1995 (2)：30 - 32.
⑤ 王玉梅，胡宝光. 论经济增长之内涵 [J]. 市场论坛, 2004 (5)：24 - 25.
⑥ 钟学义. 增长方式转变和增长质量提高 [M]. 北京：经济管理出版社, 2001：3.
⑦ 彭德芬. 经济增长质量研究 [M]. 武汉：华中师范大学出版社, 2002：3.

济增长质量是指一个国家或地区在经济增长方式、经济效益、发展潜力、社会公众利益、环境保护等方方面面面均与经济发展道路保持一致和协调。该内涵不仅要体现一个国家或地区经济发展状况，还要体现其发展潜力状况，经济增长的稳定与否，更要体现在其对环境保护、国际竞争力以及民生等方方面面的影响。① 李变花认为，经济增长的质量与经济增长的数量有关，它是从社会再生产的角度对一定时期国民经济的总体状况和发展特点进行的综合评价，反映了经济增长的优劣程度。其内涵包括：提高要素生产率，依靠技术进步和人力资本，不断优化经济结构。② 任保平认为，经济增长质量是经济增长数量积累到一定程度的产物，用哲学视角来看，是量变引起质变的结果。当经济增长的数量积累到达一定程度，经济增长的效率、结构、稳定性、福利分配、创新能力以及持续性均会得到提高和改善。在任保平看来，经济增长质量的内涵是指经济增长量变引起质变的结果，经济增长质量更应注重经济增长的前景。③ 叶初升从发展经济学的角度出发，揭示了经济增长质量的内涵，他认为经济增长质量就是质变的产物。④

梳理已有文献不难看出，经济增长质量不仅包括经济增长效率的提升，还应包括更深刻的含义。追求高质量的经济增长，既要追求经济增长结构的优化，也要追求经济增长的稳定性，还要追求经济增长的持续性，更要追求资源环境与经济增长的共赢。

---

① 马建新，申世军. 中国经济增长质量问题的初步研究［J］. 财经问题研究，2007（3）：18–23.
② 李变花. 中国经济增长质量研究［M］. 北京：中国财政经济出版社，2008：14.
③ 任保平. 经济增长质量的内涵、特征及其度量［J］. 黑龙江社会科学，2012（3）：56–59.
④ 叶初升. 发展经济学视野中的经济增长质量［J］. 天津社会科学，2014（2）：98–103.

（二）对经济增长质量测度方法的研究

如何度量经济增长的质量水平是经济增长质量问题由定性分析演进为定量分析的关键环节。大量的国内外文献研究了经济增长质量的测算方法。

在现有文献中，经济增长质量的测算方法主要包括两大类。第一类是将全要素生产率（TFP）作为经济增长质量的替代指标。这类方法的优点在于便于定量测算的同时，也很好地反映了经济增长的效率、结构等因素。赵可等（2014）利用 DEA 方法测算出的全要素生产率增长指数来反映经济增长质量。然而，经济增长质量的内涵在广义上，除了经济增长的效率和稳定性，还包括经济增长方式的可持续性、增长结构的协调性和增长效益的和谐性（刘树成，2007）。基于此，一些学者提出了第二类经济增长质量测算方法，即多种指标综合评价法。较有代表性的文献是钞小静和任保平（2011）的研究，他们从经济增长的结构、稳定性、福利变化和成果分配、资源利用和生态环境代价四类相关指标，利用主成分分析法综合衡量经济增长质量。之后，刘燕妮等（2014）利用该方法测算了中国 1978～2010 年的经济增长质量指数，并实证检验了投资消费结构、金融结构、产业结构、区域经济结构及国际收支结构五大经济结构的失衡对经济增长质量的影响效应。王薇和任保平（2015）结合主成分分析和熵权法考察了中国改革开放以来经济增长质量的阶段性特征。詹新宇、崔培培利用主成分分析方法，对 2000～2014 年中国各省份的创新、协调、绿色、开放、共享进行了估算，并在此基础之上，对中国各省份经济增长质量综合指数进行了测度。[①] 魏敏、李书昊以新常态为背景，重新建构了新常态下经济增长质量的评价测度体系，将新常态下提高中国

---

① 詹新宇，崔培培. 中国省际经济增长质量的测度与评价——基于"五大发展理念"的实证分析 [J]. 财政研究，2016（8）：40–53.

经济增长质量的理念与要求归纳总结为动力机制转变、经济结构优化、开放稳定共享、生态环境和谐以及人民生活幸福五个方面，以这五个方面为标准构建经济增长质量综合评价体系。[①]

第三节　环境规制影响经济
增长的相关研究

鉴于目前国内外关于环境规制影响经济增长的文献关注的焦点依然是环境规制对经济增长数量的影响，较少有学者专门研究环境规制对经济增长质量的影响。因此，本节收集整理的文献主要集中在环境规制对于传统视角的经济增长的影响研究上。通过对国内外学者关于环境规制影响经济增长的相关文献进行梳理，分别从理论视角和实证视角对国内外相关文献进行综述，以厘清现有文献对于环境规制如何影响经济增长的相关观点，为本书后续的研究奠定文献基础，提供启发和借鉴。

一、环境规制对经济增长影响的理论研究

关于环境规制对经济增长的理论研究，国内外学者通过探究环境规制与经济增长的关系，得出了两种结论相反的观点。第一种观点，即"遵循成本说"，认为在环境规制政策下，企业必然要承担相应的污染治理费用，进而增加生产成本（Jafee，1997），不利于企业生产率的提高（Chintrakam，2008），因此从宏观上看，环境规制会抑制经济增长（Jorgenson & Wilcoxen，1990）。第二种观点，即"创新补偿说"，认为从动态上看，适宜的环境规制政策可以倒逼企业进行技术

---

① 魏敏，李书昊. 新常态下中国经济增长质量的评价体系构建与测度 [J]. 经济学家，2018（4）：19－26.

创新，提高生产率（Porter & Linde，1995），进而不仅可以补偿企业的治污成本（Brunnermeier & Cohen，2003），还能提升企业的盈利能力（Mazzanti & Zoboli，2009），因此，环境规制可以促进经济增长。"创新补偿说"又称"波特假说"，是波特在 1995 年提出的，波特认为，"遵循成本说"在分析环境规制对经济增长的影响时，只是从静态的、短期的视角考虑，没有从动态的视角考虑企业可以在长期内积极地进行技术创新，并通过技术创新弥补环境规制带来的额外成本。波特进一步指出，如果实施合理的环境规制，那么将会激发企业创新的积极性，所产生的"创新补偿"效益能够部分甚至是全部抵消企业的"遵循成本"。因此，从长期来看，环境规制既有利于改进企业技术水平，提高企业的生产率，从而促进经济增长，又有利于改善生态环境质量，优化资源配置。通过充分发挥环境规制的"创新补偿效益"，能够促进经济增长与环境保护的双赢。

继"波特假说"提出后，学者们尝试从不同角度对"波特假说"进一步阐述、修正和完善。贾菲和帕尔默（Jaffe & Palmer，1997）将波特假说分为三种类型：狭义波特假说、弱波特假说和强波特假说。其中，狭义波特假说认为，环境规制政策更应该关注污染控制最终的结果，而非过程；弱波特假说认为，政府制定的环境政策需要考虑到企业利润最大化目标条件，才能对经济增长产生激励作用；强波特假说认为，环境政策的实施会诱发技术创新，由此带来的利润会超过产生的成本，从而刺激经济增长。国内学者熊鹏通过比较波特假说与传统新古典经济理论，从基本假设角度和主要内容角度解析两个理论的异同，认为波特假说实现的基本条件是必须建立合理的环境标准，并且依照该环境标准严格遵守，从而使得企业与政府建立起相互信任的关系，形成良性循环，从而保障波特假说的实现。[①] 许士春、何正霞

---

① 熊鹏. 环境保护与经济发展——评波特假说与传统新古典经济学之争 [J]. 当代经济管理，2005（5）：80 - 84.

指出，波特假说并不是普遍真理，在制定环境规制政策的同时需要充分考虑企业现状，从而制定合理的环境规制政策，使其产生良好的经济效益。[①] 蒋伏心、王竹君和白俊红认为，由环境规制引发的经济增长，其成效主要反映在是"遵循成本效应"起决定作用，还是"创新补偿效应"起决定作用。[②]

二、环境规制对经济增长影响的实证研究

关于环境规制对于经济增长的实证研究，有诸多角度，本书归纳了学者们围绕"波特假说"展开的实证研究以及围绕"门槛"效应展开的实证研究。

（一）围绕"波特假说"展开的实证研究

关于环境规制对经济增长影响的文献，理论研究不是很多，更多的学者侧重从实证的角度验证并探究环境规制对经济增长的影响。围绕"波特假说"展开的实证研究主要观点有两种：一是承认"波特假说"；二是反对"波特假说"。

承认"波特假说"的学者从诸多视角，用实证分析的方法检验环境规制对经济增长的促进作用。早在1996年，兰如和穆蒂（Lanjouw & Mody）就对环境保护费用与技术创新的相互关系进行了实证检验，发现环境保护费用的提高能够带来环境保护专利发明的增多，二者之间具有正相关关系。随后，他们通过对多个国家的数据搜集与实证检验，进一步得出环境规制费用的提高能够促进环境技术专利申请数量的增加。[③] 拉马纳坦（Ramanathan，2010）利用行业层面数据，采用

---

① 许士春，何正霞. 中国经济增长与环境污染关系的实证分析——来自1990—2005年省级面板数据［J］. 经济体制改革，2007（4）：22 - 26.

② 蒋伏心，王竹君，白俊红. 环境规制对技术创新影响的双重效应——基于江苏制造业动态面板数据的实证研究［J］. 中国工业经济，2013（7）：44 - 55.

③ Lanjouw J O, Mody A. Innovation and the International Diffusion of Environmentally Responsive Technology［J］. Research Policy，1996，25（4）：549 - 571.

结构方程模型研究英国法规、创新与绩效之间的联系，分析表明英国的环境法规对改善工业部门的经济绩效具有重要意义。[1] 马内洛（Manello，2017）分析了环境规制对意大利和德国工业行业生产效率的影响，结果也都支持波特的"双赢"假设。谢（Xie R H，2017）通过实证分析中国环境规制对绿色生产率的影响，找到证据来支持"强波特假说"，即合理的环境规制强度可以增强而不是降低工业竞争力。[2] 浜本（Hamamoto，2006）、约翰斯通等（Johnstone et al.，2012）的实证检验结果也对"波特假说"持支持态度，认为严格的环境规制政策能够促进环境技术创新，从而促进经济增长。[3] 奥柯玛（Okuma，2016）提出一个理论框架来分析环境政策与经济增长之间的关系，并对日本的经济与环境关系进行历史分析，表明 20 世纪 70 年代以来日本的环境规制政策有助于经济增长[4]。

国内通过实证检验支持"波特假说"的文献也不少。吴明琴、周诗敏和陈家昌的实证研究结论支持了"波特假说"，他们认为长期的环境规制政策有利于促进技术进步和经济增长，即实现生态环境与经济效益的"双赢"效果。[5] 张成、陆旸等实证研究了中国环境规制与工业部门全要素生产率的关系，认为环境规制在给企业带来"遵循成本"的同时，也激发了企业的"创新补偿"效应，而且企业的"创

---

① Manello A. Productivity Growth, Environmental Regulation and Win-Win Opportunities: The Case of Chemical Industry in Italy and Germany [J]. European journal of operational research, 2017, 262 (2): 733 – 743.

② Xie R, Yuan Y, Huang J. Different Types of Environmental Regulations and Heterogeneous Influence on "Green" Productivity: Evidence from China [J]. Ecological Economics, 2017, 132: 104 – 112.

③ Johnstone N, Mangi S, Rodriguez M C, et al. Environmental Policy Design, Innovation and Efficiency Gains in Electricity Generation [J]. Energy Economics, 2017, 63: 106 – 115.

④ Okuma K. Long-Term Transformation of the Economy-Environment Nexus in Japan: A Historical Analysis of Environmental Institutions and Growth Regimes Based on the Regulation Theory [J]. Evolutionary and Institutional Economics Review, 2016, 13 (1): 217 – 237.

⑤ 吴明琴，周诗敏，陈家昌. 环境规制与经济增长可以双赢吗——基于我国"两控区"的实证研究 [J]. 当代经济科学，2016 (6)：44 – 54, 124.

新补偿"效应大于其"遵循成本",因此环境规制对企业生产率的作用是正向的。① 赵红通过实证分析,发现环境规制对企业研发投入(支出)、专利申请数量都起到滞后的正向促进作用。② 张同斌的实证检验结果表明,提高环境规制强度会给污染型企业带来短期的"阵痛",但这种短期的"阵痛"会激发出企业的"创新补偿"效应,使环境规制的经济增长效应由"短期损失"转为"长期收益",从而实现"利当前"并"惠长远"的目标。③ 黄茂兴、林寿富把环境看作具有一定再生能力,并可对其进行管理的特殊生产要素,通过构建考虑污染损害、环境管理等要素的五部门内生增长模型,论证了环境的有效管理在推动现代经济增长中的作用。④ 韩晶、刘远和张新闻着重分析了市场化和环境规制对中国经济绿色增长的影响,并指出环境规制在时间和空间两个维度上分别产生了清洁收益效应和产品结构效应,两种效应共同促使绿色全要素生产率由"遵循成本"向"创新补偿"转变。⑤

反对"波特假说"的学者认为,环境规制会降低生产率、阻碍生产技术提高和绿色技术创新,降低国际竞争力,阻碍经济增长。学者们也从多方面多角度通过实证检验的方法证明自己的观点。格雷(Gray,1987)通过实证检验的方法分析了环境规制对美国制造业部门生产率的影响,实证结果表明,环境规制与生产率存在明显的负相

① 张成,陆旸,郭路,等. 环境规制强度和生产技术进步 [J]. 经济研究,2011(2):113-124.

② 赵红. 环境规制对产业技术创新的影响——基于中国面板数据的实证分析 [J]. 产业经济研究,2008(3):35-40.

③ 张同斌. 提高环境规制强度能否"利当前"并"惠长远" [J]. 财贸经济,2017,38(3):116-130.

④ 黄茂兴,林寿富. 污染损害、环境管理与经济可持续增长——基于五部门内生经济增长模型的分析 [J]. 经济研究,2013(12):30-41.

⑤ 韩晶,刘远,张新闻. 市场化、环境规制与中国经济绿色增长 [J]. 经济社会体制比较,2017(5):105-115.

关关系，在 20 世纪 70 年代由于环境规制导致了美国制造业生产率下降了 30%。杰菲和斯塔文斯（Jaffe & Stavins，1995）指出，由于环境规制的存在，企业不得不付出更多的成本降低污染排放，这将占用企业更多的资源，从而挤占企业的生产成本，增加了企业的投资，产生了挤出效应，阻碍了经济增长。格雷和沙德贝吉（Gray & Shadbegian，1995）通过实证分析美国造纸业、石油行业和钢铁产业 1979～1990 年环境规制实施前后为减少污染排放付出的成本对这三大行业的生产率的影响状况，检验结果显示，减污成本与生产率水平负相关，"波特假说"不成立。理查德和爱德华（Richard & Edward，2012）利用英国 2001～2006 年制造企业数据，通过动态面板模型检验环境规制与企业创新之间的关系，得出严格的环境规制会增加企业的减污成本。李（Lee，2007）研究发现，环境规制导致 1982～1993 年韩国制造业的生产率年均增长率下降，从而阻碍了经济增长。李冰等（2017）认为，环境监管会抑制企业原有的技术创新，政府应减少市场干预，提高企业市场变化的灵活性。

国内学者赵霄伟利用地级市工业面板数据研究发现，增强环境规制强度会在一定程度上抑制经济增长的速度。[①] 解垩通过实证方法，得出加强环境规制并不能促进经济增长。[②] 涂正革研究发现，受低效运转的市场条件以及整体较弱的环境规制的制约，无论是从现实角度还是从潜在角度考察，中国 SO_2 排污权交易机制均未能实现波特效应。[③]

（二）围绕"门槛"效应展开的实证研究

还有一些学者发现，环境规制对经济增长的影响是非线性的，即

①　赵霄伟. 地方政府间环境规制竞争策略及其地区增长效应——来自地级市以上城市面板的经验数据 [J]. 财贸经济，2014（10）：105－113.

②　解垩. 环境规制与中国工业生产率增长 [J]. 农业经济研究，2008（1）：19－25.

③　涂正革，谌仁俊. 排污权交易机制在中国能否实现波特效应？[J]. 经济研究，2015（7）：160－172.

存在"门槛"效应。于是，学者们围绕"门槛"效应展开对环境规制如何影响经济增长质量的实证研究。

熊艳基于省际面板数据的研究结论显示，环境规制与经济增长之间存在"U"型关系。[①] 傅京燕、李丽莎通过实证研究得出，中国行业国际竞争力与环境规制强度的关系呈"U"型特征，在拐点前，环境规制的加强不利于行业国际竞争力的提高，越过拐点之后，环境规制的进一步强化则会促进行业比较优势的形成。[②] 王洪庆从人力资本的视角研究了环境规制对经济增长的影响，发现环境规制对经济增长的作用方向并非线性，而是存在显著的"门槛"效应。[③] 黄志基、贺灿飞等研究得出，环境规制空间差异与企业生产率之间存在显著的倒"U"型关系。从企业层面来看，加强环境规制能够促进生产效率高的企业提高生产率水平，却对生产效率低的企业无明显影响；从地区层面来看，东部地区环境规制对于企业生产率增长的促进作用较之于中西部地区更为显著。[④] 原毅军、刘柳区分了不同类型的环境规制工具，基于环境规制工具的异质性特点，对比分析了不同类型环境规制工具对经济增长的影响，得出投资型环境规制能促进绿色技术进步，从而促进经济增长；费用型环境规制工具会增加企业生产成本，从而抑制经济增长。[⑤] 黄清煌、高明认为，环境规制对经济增长存在双重

① 熊艳. 基于省际数据的环境规制与经济增长关系 [J]. 中国人口·资源与环境，2011 (5)：126 –131.

② 傅京燕，李丽莎. 环境规制、要素禀赋与产业国际竞争力的实证研究——基于中国制造业的面板数据 [J]. 管理世界，2010 (10)：87 –98，187.

③ 王洪庆. 人力资本视角下环境规制对经济增长的门槛效应研究 [J]. 中国软科学，2016 (6)：52 –61.

④ 黄志基，贺灿飞，杨帆，等. 中国环境规制、地理区位与企业生产率增长 [J]. 地理学报，2015，70 (10)：1581 –1591.

⑤ 原毅军，刘柳. 环境规制与经济增长——基于经济型规制分类的研究 [J]. 经济评论，2013 (1)：27 –33.

作用，即对经济增长数量的抑制效应和对经济增长质量的促进效应。[①]

然而，一个国家或地区的经济目标，不仅包括经济增长的规模或速度，更应该关注于经济增长的质量。孙英杰、林春考察了环境规制对中国经济增长质量的提升作用，但其以全要素生产率作为经济增长质量的代理变量，可能忽略了经济增长质量中的其他因素。[②]

第四节　文献评述

通过对国内外有关文献的梳理，可见目前有关环境规制的研究已经相当深入，对经济增长质量的研究成果也非常丰富，但将二者联系起来，系统分析环境规制对经济增长质量影响的研究相对较少。尽管有少数学者探讨了环境规制与经济增长质量的关系，但其对经济增长质量的衡量方法，以及对二者之间相互影响程度的研究，还有值得深入的空间。

第一，尽管已有大量文献对于环境规制对经济增长影响进行深入探讨，但焦点主要集中在环境规制对于经济增长数量的影响上，较少探讨环境规制对经济增长质量的影响。

第二，现有研究对环境规制与经济增长之间的关系进行了多方面的探讨，虽然得出的结论不尽一致，但主要围绕经济增长的规模或速度开展研究，较少涉及经济增长的质量维度。少数文献考察了环境规制对中国经济增长质量的提升作用，但主要以全要素生产率作为经济增长质量的代理变量，可能忽略了经济增长质量中的其他因素。

---

① 黄清煌，高明. 环境规制对经济增长的数量和质量效应——基于联立方程的检验 [J]. 经济学家，2016（4）：53－62.

② 孙英杰，林春. 试论环境规制与中国经济增长质量提升——基于环境库兹涅茨倒U型曲线 [J]. 上海经济研究，2018（3）：84－94.

第三，现有文献对经济增长质量的界定和测度，尚无统一的标准，很多文献是以全要素生产率衡量经济增长质量，容易造成研究结果的偏差。在经济增长质量的测算方法上，或通过熵权法，或通过主成分分析的方法，可能会造成指标权重赋值的主观性。

基于以上分析，在充分借鉴现有相关文献的基础上，本书拟从经济增长的结构、效率、稳定性和持续性四个维度构建指标体系，利用主成分分析法和熵权法相结合的方法测算出中国经济增长质量分维度指数和综合指数，研究环境规制对经济增长质量的影响及其在区域和行业层面的异质性，并分析环境规制影响经济增长质量的作用机制，在此基础上，为中国宏观经济政策和环境政策的制定提供经验参考。

第三章 环境规制影响经济增长质量的理论阐释

本章主要通过界定经济增长质量，梳理经济增长质量的理论渊源，从而对经济增长质量进行理论阐释，并阐释环境规制与经济增长质量关系的理论渊源，厘清环境规制影响经济增长质量的理论机理。

——— 第一节 经济增长质量的理论阐释 ———

自人们开始研究经济增长以来，对于经济增长的研究和追求都被默认为是研究和追求经济增长的数量而非经济增长质量。本节尝试从经济增长质量的界定、经济增长质量的理论基础以及经济增长质量的特点对经济增长质量进行理论阐释。

一、经济增长质量的界定

经济增长质量不同于经济增长数量，很少有经济学家将经济增长质量作为一种概念正式提出。1977 年，苏联经济学家卡马耶夫在其著作《经济增长的速度和质量》一书中提出了他对经济增长质量的解释。① 卡马耶夫认为，经济增长是物质生产资源变化过程的总和，在

---

① ［苏］卡马耶夫. 经济增长的速度和质量［M］. 武汉：湖北人民出版社，1983.

此过程中不仅增加了产品的数量，而且提高了产品的质量。他还指出，经济增长的概念应该由生产量的增加、资源的增长、产品质量的提升、生产效率的提高以及消费品消费效果的提高共同组成。卡马耶夫的观点源于20世纪六七十年代其对苏联经济增长过程中出现的质量问题的探索与反思，代表了经济学家探索经济增长质量的早期思想。此后，很多经济学家（多恩布什、费希尔，1997；托马斯，2000）对经济增长质量做出了自己的阐释。

国内学者对于经济增长质量主要有两种具有代表性的理解，一种是狭义上的理解，另一种是广义上的理解。狭义上对经济增长质量的理解是指资源要素投入比例及经济增长的效率。[①] 广义上对经济增长质量的理解是将经济增长质量作为一个具有社会性、经济性和全局性的综合概念，赋予经济增长质量极其丰富的内涵。

我们认为，经济增长质量不仅包括经济增长效率的提升，还应包括更深刻的含义。追求高质量的经济增长，除了要追求高效率的经济增长，还要追求经济增长结构的优化，既要追求经济增长的稳定性，也要追求经济增长的持续性，更要追求资源环境与经济增长的共赢。

（一）经济增长质量是经济增长数量积累由量变引起质变的结果

经济增长质量是经济增长数量积累到一定阶段，可以由量变引起质变的结果。一个国家经济增长数量还处在低水平状态是无法追求经济增长质量的高低的。正如发展中国家在其经济发展初期，经济水平远远落后于发达国家，国民生活未能达到小康，在这个发展阶段，其发展目标首先是要实现经济增长数量的积累。通过一系列经济政策，实现经济增长数量的飞跃，追赶发达国家。因此在发展中国家的经济增长初期多采用粗放型经济增长方式，追求经济增长数量的累积，以缩小发展中国家与发达国家的差距，这个阶段往往较少关注经济增长

---

① 任保平. 经济增长质量的逻辑［M］. 北京：人民出版社，2015：21.

质量，也不会注重经济增长对环境的污染，忽视经济增长的效率以及结构，更不会考虑经济增长的稳定性与持续性问题。因此，经济增长质量是经济发展到一定阶段，经济增长数量累积到一定程度，不仅需要继续追求经济增长的数量提高，还要追求经济增长的整体水平提高，资源环境的可持续，经济增长的稳定持续、结构效率的共同优化。

（二）经济增长质量是具有多维度的概念

经济增长质量是一个多维度概念，本书将从经济增长的结构维度、效率维度、稳定性维度和持续性维度对经济增长质量展开分析。

首先，经济增长质量体现在结构维度上，表现为经济增长应保证资源配置合理、要素分布合理、区域和产业协调。其次，经济增长质量体现在效率维度上，应保证高效率的经济增长，本质上要求相同产出下的更少要素投入和能源消耗（王薇和任保平，2015）。再次，经济增长质量体现在稳定性维度上，应保证经济增长的稳定性。最后，经济增长质量体现在持续性维度上，表现为经济增长应保持长期持续增长的能力。

经济增长质量的四个维度是相互关联、相互影响的有机整体。提升经济增长的效率是提高经济增长质量的内在要求，也是保证经济稳定、可持续增长的关键。经济增长的稳定性是指经济增长过程中经济增长数量的起伏波动情况，大幅度的经济波动会带来产出水平、就业水平和物价水平的剧烈变动，一方面会导致资源配置效率的下降和要素市场的扭曲，影响经济增长的效率，另一方面会影响市场经济的运行机制，破坏经济结构的平衡，损害经济增长的可持续性，进而不利于经济增长质量的提高。因此，减少经济增长的波动幅度是提高经济增长质量的有效前提。经济增长的持续性反映的是经济保持长期持续增长的能力，通过技术创新和制度创新可以推动经济增长的持续动力，从而保证经济增长质量的提升。

（三）经济增长质量关注经济增长的结果和前景

经济增长质量的四个维度都关注经济增长的结果和前景。与经济增长数量考察不同，经济增长质量追求的是有增长有发展。经济增长与人的发展、环境的和谐相统一。经济增长的结构维度关注需求结构、产业结构、城乡二元结构、金融结构、收入分配结构以及国际收支结构，充分考虑了经济增长的方方面面，从投资、消费、产业、城乡、金融、福利、国际收支视角全面考察经济增长的结果，关注经济增长的前景。保证经济增长除了增长，还有发展。经济增长的效率维度关注要素生产率和能源利用率，考察经济增长是否满足相同的产出水平下实现要素的更少投入和能源的更低消耗。经济增长的稳定性维度关注产出波动、就业波动和物价波动，考察经济增长波动情况、失业情况以及通货膨胀情况。经济增长的持续性维度关注技术创新和制度创新，通过考察我国的专利授权数以及 R&D 水平和市场化指数来界定经济增长的持续性。

二、经济增长质量的理论基础

经济增长质量理论不同于传统经济增长理论，它是由经济增长理论发展演化而来，是人类经济社会发展到一定阶段的必然产物。本部分首先对传统经济增长理论演化过程进行梳理，然后对传统经济增长理论进行反思，进而概览经济增长质量相关理论。

（一）传统经济增长理论的演化

传统的经济增长理论在其发展的两百多年历史中经历了古典、新古典和新增长三个发展阶段。古典经济学、新古典经济学是从供给方面来研究经济增长，而进入现代经济学阶段，则主要从需求方面来研究经济增长。

基于凯恩斯的宏观理论的现代经济增长理论的发展经历了三个高潮。[①]

第一个高潮是 20 世纪 40 年代，主要是由哈罗德、多马开创的，他们是凯恩斯主义经济学家，致力于将凯恩斯的短期分析动态化，从需求角度研究短期增长问题。哈罗德—多马模型的结论认为，经济增长的条件是储蓄转化为投资，也就是资本形成。这一增长理论仍然坚持资本积累说，只不过把思路扩展到了资本积累的来源——资本形成问题上，增长的路径被限定在狭窄的资本形成路径上，被称为刀刃上的经济增长。

第二个高潮是 20 世纪 50 年代中期，索洛和斯旺建立的新古典增长模型推动了一个持久的增长浪潮，形成了经济增长分析的基准模型。新古典经济增长理论也认为经济增长的源泉是资本积累，但是资本不仅包括物质资本，而且包括人力资本，认为全要素增长率的提高带来了经济增长，而技术进步促进了全要素增长率的提高。其基本思路虽然也是资本积累促进经济增长，但是却从技术进步、全要素生产率角度研究资本配置效率的提高来实现经济增长。

第三个高潮开始于 20 世纪 80 年代，主要是因罗默和卢卡斯的研究工作而兴起的，这次高潮引发了内生增长理论的发展。内生增长理论把知识、技术等内生于增长模型，从资源配置效率提升角度来探讨经济增长的源泉。不论是古典、新古典还是现代经济增长理论，都把资本积累作为经济增长的源泉，形成了从资本积累到资本积累的来源再到资本积累的效率这样一个研究路径。

（二）对传统经济增长理论的反思

经济增长理论的另一个主题是收敛性问题，索洛—斯旺模型的一

[①]　沈坤荣. 经济增长理论的演进、比较与评述［J］. 经济学动态，2006（5）：30 - 36.

个重要结论就是经济增长具有趋同性趋势。鲍莫尔（Baumol，1986）研究了 16 个工业化国家 1870～1979 年的收敛性，发现平均而言初始收入高出其他国家多少，则该国随后的经济增长就会相应低于多少。但许多学者的研究并不支持这样的结论。对经济增长收敛性问题的探讨也是从经济增长的数量角度入手的。

从经济增长理论的演进过程可以看出，主流增长理论虽然关注经济增长的源泉、动力和机制，但是经济增长质量问题也日益受到经济理论研究的关注。经济增长数量与经济增长质量是同一问题的两个方面，迄今为止的增长经济学着重研究了数量增长的一方面，而现代经济增长实践经验表明，必须重视研究经济增长的另一面——经济增长质量。由此可见，现有的经济增长理论将经济增长的数量问题作为主要的研究内容，而忽视了经济增长质量问题的研究，这是未来研究中需要进一步研究的新领域。

（三）经济增长质量理论的思潮

长久以来，主流经济学家关注经济增长数量，认为经济增长就是加快工业化促进国家 GDP 的增长。直到二战后，单纯追求 GDP 的经济增长给环境、城市、地球带来了沉重的后果，人们开始审视存在了上百年的经济增长理论，一部分经济学家开始批判传统的经济增长模式。

20 世纪 60 年代，西方开始出现一种经济思潮，提出经济增长不能单纯追求国民生产总值的增长，应关注人的发展。较具代表性的成果之一是 1967 年英国经济学家米香的著作《经济增长的代价》，在其著作中，米香提出人类为追求经济增长付出了太大的社会和文化代价，经济增长应关注经济增长的代价，打破了长期以来人们对经济增长的传统认识。米香认为，技术进步及其所带来的经济增长虽然使得物质产品的数量增加，但是并不一定能带来福利的增加。人们为经济增长会付出高昂的经济代价和社会代价，这样单纯的经济增长会降低人的生活质量，这种高代价的经济增长是没有价值的。① 此外，1972年，经济学家麦多斯等（Meadows et al.）在其《增长的极限》一书中提出经济增长是有极限的，不能只关注经济增长的数量。

传统经济增长理论关注经济增长的数量、忽视经济增长质量的研究持续了数百年时间，直到 1977 年苏联经济学家卡马耶夫在其著作《经济增长的速度和质量》中将经济增长质量带入了研究者的视野，提醒人们在关注经济增长数量的同时也要关注经济增长的速度和质量。1996 年，联合国发展计划署出台了《人类发展报告》，分析了经济增长与经济发展之间的关系，指出经济增长不等同于经济发展，并揭示出人类若是只追求经济增长不关注经济发展，将会造成五种有增长而无发展的状况：只关注经济增长而不关注工人失业造成的无工作增长；只关注经济增长而不关注贫富差距和分配不公问题造成的无情增长；只关注经济增长而不关注民众心声和言论自由造成的无声增长；只关注经济增长而不关注环境污染和生态保护以及文化传承造成的无根增长；只关注经济增长而不关注自然资源枯竭和人类居住环境恶化造成的无未来的增长。全面探讨了不仅要关注经济数量的增长，也要关注就业、贫富差距、收入分配、民众呼声、环境污染、生态保护以及文化传承。

近年来，许多关注经济增长质量的成果问世，如托马斯的《增长的质量》、琼斯的《经济增长导论》、赫尔普曼的《经济增长的秘密》等著作均从多方面关注了经济增长质量，有收入分配方面的，有经济增长后果的，也有可持续发展方面的。

21 世纪以来，人们对经济增长质量的研究进入了一个新的阶段，

---

① ［英］E. J. 米香. 经济增长的代价［M］. 任保平，梁炜，等译，北京：机械工业出版社，2011.

"包容性增长"的概念进入人们的视野。由于亚洲各个国家在追求经济增长的过程中，出现了严重的不平等现象，亚洲银行就此展开研究，提出各个国家要实现"包容性增长"。"包容性增长"的概念改变了过去单纯强调经济增长数量的经济增长理念，关注了社会公平，体现了人文关怀，体现了经济增长质量的雏形。"包容性增长"还强调了要关注经济增长的长期性和持续性，这也与我们研究的经济增长质量殊途同归，有着共同的研究要义。

第二节　环境规制与经济增长质量关系的理论阐释

霍斯特·西伯特（Horst Siebert，2002）从经济学视角出发，指出环境的公共消费品功能，环境属于公共物品，具有公共物品的属性。[①] 由于环境产品和服务均具有公共物品的属性，因此环境具有外部性特点，由于产权不明晰、市场失灵时有发生，庇古（Pigou，1920）提出了一种通过经济手段控制环境污染的负外部性进一步蔓延，也就是通过政府向环境污染的实施者征税的方法，以此弥补因环境污染而对环境受害者造成的损失。科斯定理假定在没有政府干预的情况下，交易成本为零、产权清晰，如果通过私下谈判可以解决环境污染问题，无论产权是分配给产生外部性的一方还是受害方，最终都能形成有效率的市场产出。但在环境问题上也存在一些问题，如产权界定困难、市场力量扭曲、信息不完整等，科斯定理不再有效。因此，政府有必要通过环境规制人为干预来解决环境污染问题。

---

① ［德］霍斯特·西伯特. 环境经济学［M］. 蒋敏元，译. 北京：中国林业出版社，2002.

本节将从资源稀缺性理论视角剖析环境保护与经济增长质量的矛盾，从市场失灵理论视角阐释政府规制解决环境问题的根源，从产权理论视角揭示外部性存在的根源，从波特假说视角重新审视环境规制与经济增长的关系。

一、资源稀缺性原理决定了环境保护与经济增长质量的矛盾

人类的需求是无止境的，资源却是有限的，当资源的有限性无法满足人类需求的无限性之时，必然出现资源的稀缺性，这便是资源稀缺性原理存在的原因。人类的所有活动均要首先考虑资源的稀缺性原理。在一定社会经济条件下，对某种自然资源的使用出现竞争时，这种资源就具有稀缺性的性质。稀缺性有绝对稀缺和相对稀缺两层含义：有限的资源与无限的需求之间的矛盾使资源更难于获得，产生绝对稀缺；环境恶化和资源消耗使资源开采的成本增加，产生相对稀缺。资源的合理开发利用、技术进步和替代品的研究开发能够缓解稀缺；而人口过度增长、人均消费上升和开发利用的不合理会加剧稀缺。环境作为一种不可再生的公共资源，从本质上来说，其符合资源的稀缺性特点。

然而，经济增长必然会牺牲环境资源，经济发展初期粗放型的经济增长方式甚至对生态资源造成毁灭性的破坏，也与经济增长质量、追求经济增长持续性的初衷背道而驰。环境的资源稀缺性原理决定了环境保护与经济增长质量二者之间的矛盾。正是由于环境具有资源稀缺性特点，我们必须制止为单纯追求经济增长数量而造成的环境破坏，通过环境规制的方法予以遏制，实现高质量的经济增长，这正是我们探究环境规制影响经济增长质量的意义所在。

二、市场失灵理论诠释了政府规制解决环境问题的根源

环境问题存在的主要根源就是市场失灵。生态环境的恶化以及资

源的低效使用，多是由于市场机制不健全，市场机制扭曲或缺失造成的。市场失灵理论认为，只有完全竞争的市场结构才是资源配置的最佳方式。但在现实生活中，完全竞争的市场结构几乎是不存在的。由于垄断是市场直接运行出现的结果，我们把它作为一类市场失灵的研究，而外部性、公共物品、产权不明晰和信息不对称的发生存在于市场因素之外，无法通过市场来解决，因此这也是市场失灵理论的核心研究内容。

（一）片面追求经济增长数量可能对环境造成负外部性

外部性是指某经济主体的经济行为对其他主体的福利产生了正的或负的影响，但该经济主体却没有承担这种影响给他人带来的利益或损失。外部性理论是由经济学家马歇尔（Marshall）在 20 世纪初提出，马歇尔起初将外部性理论称为外部经济。经济学家庇古（Pigou，1920）后来在其著作中对外部经济进一步完善，最终形成外部性理论。

外部性可以分为正外部性和负外部性。如果企业在生产活动过程中给社会和公众带来了福利，却不能向社会和公众要求补偿时，便产生正外部性。为提高经济增长质量、减少污染，企业进行绿色技术创新、减少污染排放的行为就具有明显的正外部性。反之，当经济主体在其经济活动过程中损害了他人利益，却未对受害者进行相应补偿时，便产生了负外部性。在市场经济下，企业为追逐利益最大化目标，在从事生产活动过程中盲目攫取有限的环境资源，无视其生产活动可能会对资源环境造成的损害，一味追求经济利益，将自己对资源环境的使用和损害带来的成本转嫁给社会和公众的行为，都属于负外部性行为。企业在生产过程中进行的"三废"排放等环境污染行为就属于负外部性行为。一旦考虑了经济增长质量问题，便会考虑经济增长对环境造成的负外部性，比如通过一系列的环境规制工具来扭转经济增长对生态环境造成的负外部性，从而提高经济增长质量。

（二）需引入政府机制替代市场机制以矫正资源环境的负外部性

在理想状况下，市场机制可以自发调节资源配置，实现资源配置的最优化。也就是新古典经济学理论中的帕累托最优原理，即在完全竞争市场条件下，如果社会边际成本或收益与私人边际成本或收益相等，就可以实现资源配置的帕累托最优。然而现实状况却并非如此，例如以企业为代表的经济主体进行了产生负外部性的生产经营活动，它们却并未对其负外部性行为作出补偿；反之，如果这些经济主体进行的生产经营活动产生了正外部性，它们也无法向获取这些正外部性的个体或组织收取报酬，这必然造成私人成本与社会成本、私人收益与社会收益的不一致性。比如，企业 A 在其生产经营活动中排放了大量的工业"三废"，对周围环境造成了污染，损害了周边居民的利益，产生了明显的负外部性，企业并未作出相应赔偿，企业获得的利益是以损害环境和周边居民的利益为代价的，那么此时企业 A 进行生产所付出的私人成本便低于社会成本。企业 B 在其生产经营活动中，积极购买治污设备，加强排污管理，使用绿色技术，控制污染排放，其生产过程中处处考虑社会利益和环境利益。企业 B 的生产经营活动无疑具有正的外部性，并为之付出了相应的成本，为其他社会主体带来了收益，然而企业 B 却不能收到其他社会主体的回报或补偿，此时企业 B 进行生产所付出的私人收益低于社会收益。以上例子充分说明，在存在外部性的情况下，市场机制自发进行的资源配置无法达到最优状态，必然会产生效率损失。

由于外部性普遍存在于资源环境当中，市场机制的自发调节作用已经无法实现资源的最优化配置，市场机制失去了其配置资源环境的作用和意义，这个时候就需要引入政府规制机制来矫正资源环境的负外部性。

1920 年，庇古在其《福利经济学》一书中指出，外部性问题是市场本身难以克服的内在缺陷，会对市场的有效运行构成威胁，为实现帕累托最优，国家必须利用其权力，对产生负外部性的活动，比如污染，征收税收以弥补私人成本和社会成本之间的差距。[①] 这就是著名的"庇古税方案"，也就是说，政府可以通过向排污企业征收排污税的方式，或者通过向治污企业发放补贴的方式，进行经济干预，以达到外部成本"内部化"。

（三）环境的公共物品属性决定了环境保护应纳入政府规制范畴

环境具有公共物品属性，决定了环境保护应纳入政府规制的范畴。早在 1739 年，休谟（Hume）就提出了公共产品理论，之后，以亚当·斯密（Adam Smith）为代表的经济学家进一步对公共物品理论展开深入研究，明确了公共物品的概念和性质，并对公共物品进行分类，深入讨论了公共物品的供给方式，提出人类应合理使用自然资源这类公共物品，政府有责任规制人类的使用行为。

公共物品是相对于私人物品而言的，私人物品具有排他性与竞争性，而公共物品则具有非排他性与非竞争性，是指所有人都能平等地消费或享受的物品。其中，非排他性是指每个人都可以不付费就使用某一物品，非竞争性是指不同的经济主体可以互不妨碍地消费同一物品。由于公共物品的非排他性和非竞争性会产生"公地悲剧"和"搭便车"等问题，单纯依靠市场机制难以实现公共物品与私人物品之间的资源最优配置。因此，要想实现公共物品与私人物品之间的最优资源配置，必须依靠政府的规制手段起作用。

资源环境属于典型的公共物品，作为公共物品的资源环境具有典型的非排他性和非竞争性，由于公共物品非排他性的特征，将导致人类肆意使用环境资源，污染环境；由于公共物品非竞争性的特征，将

---

① ［英］庇古. 福利经济学［M］. 金镝，译. 北京：华夏出版社，2007.

导致市场机制在资源配置中的失灵，从而引发"公地悲剧"。同样，由于资源环境的非竞争性和非排他性特征，缺乏合理的规则，更没有有效的监督和科学的管理，在追求经济利益的过程中，人们不会考虑资源环境的损失以及由于资源环境的损失可能带来的破坏，环境污染、资源耗竭、不可持续、恶性循环等问题都会接踵而至。资源环境的这种公共物品性质，决定了市场机制不适用于环境保护，环境保护应当纳入政府规制的范围，由政府采取有效的环境规制手段来规范经济主体的行为，以弥补市场机制在公共物品和公共资源领域的市场失灵。因此，环境的公共物品属性阐释了可以通过政府的环境规制工具影响经济增长质量的理论机理。

三、产权理论揭示了外部性问题的制度根源

1960 年，科斯（Coase）在《社会成本问题》一文中指出，外部性问题可以通过产权的重新界定和分配得以解决。这就是著名的"科斯产权方案"，即通过界定明晰的产权和协商谈判方式解决环境问题。科斯指出，环境污染问题具有相互性的特点，不论污染是否合理，都会损害其中一方的利益，或者损害污染者的利益，或者损害被污染者的利益，如何解决这种问题？科斯在其文章中通过产权分析的方法深入探讨了环境污染的解决方案，科斯引入了多个具体的环境污染案例，展开产权分析，经过深入细致的分析，科斯得出一个重要结论：在不存在交易成本的前提下，只要对产权作出明确的界定，都会达到帕累托最优，无论初始的产权如何分配都不会对帕累托最优产生影响。这就是著名的"科斯定理"。科斯定理表明，产权界定是解决外部性的关键，无论是污染的排放者还是污染的受害者，无论谁是产权的所有者，只要能够促使双方进行谈判和交易，无须政府的干预，市场就会自然达到最优配置状态。科斯定理揭示了产权的重要性，通过合理的产权安排可以使得社会资源配置达到或者接近帕累托最优状态，从而

为解决环境污染外部性问题提供了有效途径。产权理论揭示了外部性问题的制度根源，为解决环境污染外部性问题提供了理论基础。

四、波特假说重新审视了环境规制与经济增长的关系

"波特假说"重新审视了环境规制与经济增长之间的关系。在波特假说之前，传统的新古典经济学认为，由于环境规制会增加企业的环保成本，因此环境规制与经济增长是负相关关系，环境规制会阻碍经济增长。但是，波特给出了与之截然相反的观点，波特认为，尽管环境规制会增加企业的环保成本，但是长期来看，合理的环境规制会倒逼企业进行技术创新，提高企业的生产效率，由此带来经济增长质的飞跃，从而覆盖企业的环保成本，这样便可实现环境保护和经济增长的共赢。这就是著名的"波特假说"。波特假说颠覆了传统经济学观点，重新审视了环境规制与经济增长之间的关系。高质量的经济增长就是在追求经济增长数量的基础上考虑环境可持续问题，实现经济增长与环境保护的共赢。

波特假说提出之后，波特又与其合作者进一步研究了环境规制如何刺激企业进行技术创新，从而提高企业的竞争力以及经济增长。波特指出，传统经济学所认为的环境规制会增加企业的环保成本与治污成本，从而降低企业的竞争力，阻碍经济增长，这是在静态的视角下研究的。与传统经济学的视角不同，在波特看来，环境规制促进技术创新是一个动态的过程，企业会在动态的市场竞争中，不断变换自己的策略，应对政策和市场的变化。环境规制政策一旦出现，企业首先通过治污投资、环保投资增加了企业成本，短期来看，降低了企业的利润与市场竞争力，然而长期来看，企业为了应对环境规制的约束，必然会主动进行绿色技术创新，改进污染大、能耗高的技术和生产线，减少生产中的污染排放与能源消耗，以提高生产效率，提升企业的竞争力。这样一来，一旦企业的利润覆盖了技术创新的投入，企业

便会收回成本，获得更高的利润。因此，波特认为，合理的环境规制非但不会影响经济增长，反而会刺激企业进行技术创新，促进经济增长与环境保护的共赢。

当然，波特假说所探讨的经济增长主要是指经济增长的数量。经济增长质量包含的内涵之一就是经济数量增长的同时，环境不被破坏，生态不被毁灭，经济增长与环境保护共赢。因此，波特假说对于我们研究环境规制对经济增长质量的影响提供了一定的理论借鉴。合理的环境规制不仅会对经济增长数量产生正面的促进效果，也会促进经济增长质量的提升。

———— 第三节　本章小结 ————

本章通过对经济增长质量和环境规制的相关理论机理进行系统阐释，为后续实证探讨环境规制对经济增长质量的影响方式、影响路径作了理论铺垫。

通过本章的理论阐释，我们可以得出环境规制影响经济增长质量的理论机理在于：由于资源环境具有非竞争性和非排他性，其稀缺性及产权的不明晰特征必然导致市场失灵。当市场在交易成本很高、信息不对称、产权难以界定和分配时，便会出现私人难以解决的环境问题。因此，需要政府制定政策和法规来预防和治理环境问题。政府通过不同的环境规制工具对环境问题进行治理，这些规制工具的选择会对企业的经营行为造成影响，进而影响经济增长。当政府以高质量发展以及经济的高质量增长作为发展目标时，其制定的环境规制政策必然是朝着促进经济增长与资源环境协调发展的方向。合理的环境规制可以促进企业进行技术创新，增加企业的核心竞争力，减少企业的生产污染，促进环境保护与经济增长的共赢，从而提高经济增长质量。

第四章 中国环境规制政策的现状分析

本章通过梳理中华人民共和国成立以来中国环境规制政策的发展变迁，整理中国现行主要的环境规制类型，从而对中国环境规制政策的现状进行分析，为后续章节实证分析环境规制对中国经济增长质量的影响认清现状。

—————— 第一节　中国环境规制的发展变迁 ——————

随着经济增长速度和数量的加快，环境问题丛生，环境保护被逐渐提上日程。改革开放40余年来，中国政府对环境保护愈加重视，中国的环境规制经历了从无到有、从粗到细、从少到多、从点到面的发展变化。由于经济发展不同的阶段性特点，中国的环境规制政策也随之不断发展，先后经历了四个极具时代性的阶段：起步奠基期、初步形成期、逐步完善期、创新强化期。

一、起步奠基期

中国环境规制的起步奠基期是20世纪70年代初至70年代末的近十年间。当时的中国经济刚刚经历了新中国成立后近20年的粗放式增长，国民经济取得了一定进步，由于毫无环境保护意识，当时的经济增长背负了沉重的生态环境代价，如官厅水库污染事件、松花江汞污染事件等具有重大负面影响的污染案例给国家敲响了警钟。中央政府决定对全国的污染状况特别是工业"三废"对水源和空气造成的污染进行调查。在对环境污染问题的认知和治理的过程中，中国的环境保护事业正式拉开了帷幕，一系列的环保措施、环保举动逐年施行。1971年，国家基本建设委员会成立了工业"三废"利用管理办公室。1972年，中国政府派团参加了联合国第一届人类环境会议。1973年，召开了第一次全国环保会议，并通过了《关于保护和改善环境的若干规定》，确立了"一切新建、扩建和改建的企业，防治污染项目，必须和主体工程同时设计、同时施工、同时投产""正在建设的企业没有采取防治措施的，必须补上。各级主管部门要会同环境保护和卫生等部门，认真审查设计，做好竣工验收，严格把关"。从此以后，"三同时"制度成为中国最早的环境管理制度，树立了预防强于治理的环境管理理念。1974年，成立了专门的环境管理机构——国务院环境保护领导小组，专门负责制定、监督和执行国家的环境保护大政方针。这一阶段，国家在环境保护政策法规以及机构设置和环境普查方面的举动，为中国的环境规制奠定了基础，属于奠基起步期。

二、初步形成期

中国环境规制的初步形成期是20世纪70年代末至80年代末。尽管在此之前的十年，中国的环境规制有了一些萌芽，人们也逐渐形成了一些环保意识，但由于生产力水平依然不高，该阶段的经济增长依然是追求数量的粗放型经济增长，加之中国的改革开放政策促进了经济增长速度和数量同步提升，经济增长的诉求超越了环境保护的诉求，经济高速增长仍然建立在资源过度开发、环境持续污染的基础之上。由于环境污染事件频发引发了严重的社会问题，影响到经济社会的可持续发展，环境保护和污染治理进一步进入参政者的视野。环境规制完整化、系统化、法制化、普及化成为这一阶段中国环境规制发展的主要任务和时代特征。

自 1979 年起，中国的环境保护法律法规全面开花。1979 年全国人民代表大会决议通过了《环境保护法（试行）》草案，对环境保护的基本制度、环境管理机构和职责等作了原则性规定；确定了环境影响评价制度、污染者责任制度、排污收费制度、"三同时"制度的法律地位。《环境保护法（试行）》草案的出台，标志着中国环境保护事业步入法治阶段。1983 年召开第二次全国环保会议，将环境保护确定为中国的一项基本国策。1984 年发布的《关于环境保护工作的若干决定》中，对有关保护环境、防治污染的一系列重大问题作了明确的规定。从 1982 年开始，中国政府制定了一系列环保专门法，分别是：1982 年，制定了《海洋环境保护法》；1984 年，制定了《水污染防治法》；1987 年，制定了《大气污染防治法》；1988 年，制定了《水污染排放许可证管理暂行办法》。从 1984 年开始，中国政府又制定了一系列自然资源保护法，如 1984 年通过的《森林法》、1985 年出台的《草原法》、1986 年通过的《渔业法》《土地资源管理法》和《矿产资源法》等自然资源法。除此之外，还制定了一系列行政法规和部门规章，如 1982 年通过的《征收排污费暂行办法》和《船舶污染海域管理条例》，1983 年出台的《关于结合技术改造防治工业污染的几项规定》以及 1984 年出台的《关于防治煤烟型污染技术政策的规定》等。另外，在此基础之上发布了《生活饮用水卫生标准》《工业三废排放试行标准》和《食品卫生标准》等环境标准。

自 1982 年起，中国的环境保护部门全面升级。1982 年，组建了城乡建设环保部，内设环境保护局，形成城乡建设与环保一体化的管理体系。1984 年，该机构进一步升级成为国家环保局，作为国务院环保委员会的办事机构。

这一阶段，中国环境保护工作逐步走上制度化、法制化轨道，环境规制法律体系基本形成，环境规制机构完成升级独立。但由于经济发展水平比较低，综合国力不强，该阶段政府的工作重心仍然在发展经济上，因此当时尽管颁布了一系列的环保法律法规，却未能得到很好的落实，环境规制效果并不理想。

三、逐步完善期

中国环境规制的逐步完善期是 20 世纪 80 年代末至 90 年代末。该阶段的时代背景是经过十几年的改革开放，中国经济飞速增长，人民生活水平有了很大的提高，但这一阶段的经济增长仍然不是高质量的经济增长。尽管环境保护法律法规已经有了一定的发展，但新的时代又带来了许多新的环境问题——高污染、高消耗、高排放以及低效率，既无法保证经济增长的稳定性和持续性，又给生态环境带了许多严峻的问题。随着经济增长带来的综合国力的上升以及人民生活水平的提高，人民对于环境保护与生态修复的诉求也越来越强烈，因此这一阶段中国环境规制的主要任务和时代特点是环境规制法律法规进一步深化，环保机构进一步升级，环境规制体系进一步完善。

这一阶段环境规制体系的逐步完善首先体现在环保机构改革方面。1988 年，国家环保局升格为国务院直属机构，并在全国各省市区县设立环境保护部门，针对各行各业设立环境管理机构。1993 年，全国人大设立了环境立法监督机构——环境保护委员会。这标志着中国的环境保护从此形成了一个完备的立法监督系统，即由全国人大立法监督，由政府依法实施执行，由环境行政管理部门监督执行效果，由企业依法承担污染防治责任，由公众参与舆论监督。

这一阶段环境规制体系的逐步完善还体现在环保法律法规以及行政法规的制定和修订完善方面。为适应新的环境形势变化需求，新制定了《环境噪声污染防治法》《固体废物污染环境防治法》《节约能源法》等环境法律，修订了《环境保护法》《大气污染防治法》《水污染防治法》等环境法律，并出台或修订了多项环保行政法规和部门规章条例。1989 年召开了第三次全国环境保护会议，确立了环境保护三大政策①和八项制度②，并陆续颁布了多项环境保护法。1990 年出台的《关于进一步加强环境工作的决定》中强调要加强环保执法，全面落实"八项制度"，贯彻环保目标责任制，采取有效措施治理工业污染，综合整治城市环境。1992 年，继联合国环境与发展会议之后，中国政府制定了第一份环境与发展方面的纲领性文件——《环境与发展十大对策》，之后又制定了多项环境保护行动计划，提出转变发展方式，走可持续发展道路。1996 年，第四次全国环保大会指出"保护环境是实施可持续发展战略的关键"，并确定了"坚持污染防治和生态保护并重的方针"。一系列的政策纲领文件的出台，意味着中国环境保护工作进入了崭新的阶段。

四、创新强化期

中国环境规制的创新强化期是 20 世纪 90 年代末至今。这一时期，中国环境保护事业进入科学发展阶段，环境规制体系进一步创新发展，环保立法扩展至新领域，环境监管权威进一步提高。

这一阶段环境规制体系的创新强化体现在环保机构改革方面，主要表现在如下方面。1998 年，国家环保局进一步升格为正部级，撤销原来的环境保护委员会，新组建国土资源部全面负责自然资源的规划保护工作。2008 年，国家环境保护总局升格为环境保护部，标志着环境监管上升至国家级高度，进一步树立了环境监管的权威。2018 年出台的《国务院机构改革方案》提出整合环境保护部、国家发改委、国土资源部、水利部、农业部、国家海洋局的环境保护职责，组建生态环境部。这一系列环保机构改革举措，意味着环保机构地位的不断提

---

① 环境保护三大政策：预防为主，防治结合；谁污染谁治理；强化环境管理。
② 环境保护八项制度：环境目标责任制、综合整治与定量考核、污染集中控制、限期治理、排污许可证制度、环境影响评价制度、"三同时"制度、排污收费制度。

升、环保职责范围的不断扩大、环境监管权威的不断提高，也标志着国家对环境保护和生态治理越来越重视。

这一阶段环境规制体系的创新强化体现在国家大政方针方面，主要包括：2006 年召开第六次全国环保大会，指出国家发展需要把环境保护放在更加重要的战略地位，提出做好新时期环保工作的关键是实现"三个转变"①，把环保工作推向以保护环境优化经济增长、实现两者之间同步发展的新阶段。2015 年中央政治局审议通过《生态文明体制改革总体方案》，按照《生态环境监测网络建设方案》的要求，开展了环境监测体制改革方案研究。2016 年国务院印发了《"十三五"生态环境保护规划》，环境保护部先后印发了《全国生态保护"十三五"规划纲要》和《国家环境保护"十三五"科技发展规划纲要》。2017 年，党的十九大指出"我们要建设的现代化是人与自然和谐共生的现代化，既要创造更多物质财富和精神财富以满足人民日益增长的美好生活需要，也要提供更多优质生态产品以满足人民日益增长的优美生态环境需要"。这些重大的政策改革，表明加强环境保护与污染治理、建设人与自然和谐共生的现代化，积极推进经济高质量增长，已成为现阶段我国经济增长的目标和任务。

这一阶段中国各项环境法制法规均取得了卓有成效的进步，制定和修订了《清洁生产促进法》《环境影响评价法》《中华人民共和国环境保护税法》《海洋环境保护法》《大气污染防治法》《清洁生产促进法》《固体废物污染环境保护法》《节约能源法》《水污染防治法》等环境法律，并制定了《排污费征收管理条例》《国家危险废物名录》《全国生态环境保护纲要》《建设项目环境保护管理条例》《燃煤二氧化硫污染防治技术政策》等多项行政法规和规章。2014 年 4 月，

---

① "三个转变"包括：从重经济增长轻环境保护向保护环境与经济增长并重转变；从环境保护滞后于经济发展向环境保护与经济同步发展转变；从主要用行政手段保护环境向综合运用法律、经济、技术和必要的行政办法解决环境问题转变。

全国人大常委会修订了《中华人民共和国环境保护法》，新的环境保护法有多项创新，提出预防为主、划定生态保护红线，加强环境污染的事后治理以及加强公众参与环境保护，主张环境信息公开。2014 年 8 月，国务院出台了《国务院办公厅关于进一步推进排污权有偿使用和交易试点工作的指导意见》，为环境规制工具的综合运用提供了政策依据。

第二节　中国环境规制的基本类型

中国的环境规制政策自 20 世纪 70 年代创立以来，经过 40 余年的实践探索和改革发展，日臻规范和完善。中国的环境规制类型目前是以命令控制型环境规制为主导、市场激励型环境规制和自愿型环境规制并存的综合型环境规制工具。随着时代的发展和人们对于经济增长质量的追求，环境规制工具也在日趋丰富和不断完善。本节主要总结三类中国现行最典型的环境规制工具类型：命令控制型环境规制、市场激励型环境规制和自愿型环境规制。

一、命令控制型环境规制

命令控制型环境规制工具是政府通过其行政强制手段制定相关法律法规限制污染排放、进行排污治理和环境保护的规制类型。命令控制型环境规制的强制力特点决定了其需要借助国家的行政强制力直接约束排污企业，直接惩罚污染行为，直接杜绝环境污染。

根据命令控制型环境规制工具的控制阶段不同，命令控制型环境规制可划分为：事前控制、事中控制和事后控制。目前中国的命令控制型环境规制工具有：环境影响评价制度、"三同时"制度、污染物总量控制制度、排污许可证制度、限期治理制度、关停并转制度等。

本书将重点介绍环境影响评价制度、"三同时"制度、排污许可证制度以及限期治理制度这四种比较典型的命令控制型环境规制工具。

（一）环境影响评价制度

中国的环境影响评价制度始于 1978 年，《环境保护工作汇报要点》第一次提出加强对基本建设项目进行前期的环境影响评价。1979年出台的《中华人民共和国环境保护法（试行)》明确了环境影响评价制度的法律地位。最初的环境影响评价主要是针对建设项目的环境影响进行预测与评估，要求建设单位应当根据建设项目可能对环境产生影响的严重程度，编制环境影响评价文件（包括环境影响报告书、报告表或者填报环境影响登记表），对建设项目概况、周围环境状况、项目对环境可能造成的影响进行分析评估，并提出缓解环境影响的措施。对建设项目进行的环境影响评价是一种反应性评估，缺乏前瞻性。2002 年《环境影响评价法》的出台，将环境影响评价的范围进一步扩展至各类开发建设规划和经济发展规划，从建设项目环境影响评价扩展到规划环境影响评价，并进一步上升到战略环境影响评价。目前，我国环境影响评价制度日臻完善，已经形成涵盖战略层面、规划层面和项目层面的系统的环境影响评价体系。这些环境影响评价制度包括 2008 年颁布的《建设项目环境保护分类管理名录》、2009 年颁布的《(基本）建设项目环境保护管理办法》《规划环境影响评价条例》等。其中，战略环境影响评价重在协调区域或跨区域发展中出现的环境问题；规划环境影响评价侧重于优化行业的布局与行业规模，指导项目环境准入；项目环评则是最终落实环境质量目标管理要求，并优化环保措施的关键。

根据控制阶段的特点，环境影响评价制度属于事前控制的命令控制型环境规制。环境影响评价制度是通过事先评价的手段，将环境污染控制在源头的一种有效的命令性环境规制工具。自《环境影响评价法》颁布以来，通过源头严防、过程严管、违法严惩，规划项目"未评先批"、建设项目"未批先建"等现象得到有效遏制，新建项目环境评价执行率逐年上升，中国的环境评价影响制度有效地促进了污染减排和环境保护，促进了经济增长与环境保护的双赢，提高了经济增长质量。

（二）"三同时"制度

"三同时"制度是 1972 年由国家计委、国家建委共同提出的"工厂建设和三废利用工程要同时设计、同时施工、同时投产"的一种命令控制型环境管理制度。此后，1973 年国务院批转的《关于保护和改善环境的若干规定》中明确规定"一切新建、扩建和改建的企业，防治污染项目，必须和主体工程同时设计、同时施工、同时投产"。"三同时"制度要求通过环评的开发项目在建设时，必须将环境保护措施落实到项目设计、建设施工、竣工验收等各个环节之中，保证环保投资、环保设备与主体工程同时安排，防止项目建设中以及建成使用后可能产生的环境问题，是一项行之有效的环境规制制度。

我国的"三同时"制度实施过程并不是一帆风顺的。在实施初期，由于环保资金缺乏、地方经济困难、人们缺乏环境保护意识、环保法规不健全、执法监管不严格等原因，导致"三同时"制度的执行情况不乐观，全国执行比例不足 1/5，无法承担控制污染、保护环境的责任。这种情况直到 1979 年《环境保护法（试行）》颁布。《环境保护法（试行）》明确了"三同时"制度的法律地位，之后又颁布了一系列相关环境法律法规，夯实了"三同时"制度的法律基础。在此之后，"三同时"制度才越来越发挥出其强大的力量，执行比例逐年攀升，到 2014 年"三同时"制度执行率超过 96%，成为我国最为有效的一种命令控制型环境规制工具。

（三）排污许可证制度

排污许可证制度是我国环境治理的一种重要手段之一，属于命令控制型环境规制工具的范畴。排污许可证制度是指任何向环境排放废水、废气、污染物的单位或个人，都必须按照规定向环保部门申请办理排污许可证，环保部门根据排污单位的申请，经过严格的审批程序，向排污单位发放排污许可证。排污单位在取得排污许可证之后，必须严格按照排污许可证的要求排放污染物，不得逾越排污许可证规制之外。未取得排污许可证的单位或个人不得排放污染物。

排污单位或个人取得排污许可证须经过四个步骤：排污申报、污染总量控制目标确定、排污许可证的审批颁发以及排污执行的检查监督。第一步，排污单位或个人向环保部门提交申请，要求办理排污许可证，必须向环保部门登记排污事项，申报排污单位在正常生产过程中排放污染物的数量、种类和浓度，并述清污染物排放设施以及污染处理设施。第二步，环保部门通过确定污染总量控制目标，规划和分配污染物的总排放量。第三步，环保部门根据排污单位实际污染物的排放量以及实际污染治理状况对排污单位进行审批，向排污单位发放排污许可证，明确规定排污申报单位的污染物种类、排污数量及浓度、排污时间、污染物去向。第四步，环保部门需对已获得排污许可证的单位进行监督，检查其污染排放情况是否符合规定，对不合规定的排污单位给予惩罚处理。

排污许可证制度在我国取得了长足的发展，尤其是近几年，我国颁布了一系列法律法规，规范了排污许可证制度的规制作用。2016年11月，国务院办公厅发布了《控制污染物排放许可制实施方案》，对排污许可制建设的指导思想、基本原则和目标任务作出了总体要求，并对排污许可制与环境影响评价制度的衔接整合、排污许可证的有序发放、企事业单位环境保护责任的落实、加强监督管理、强化信息公开和社会监督、排污许可制的法律保障和技术支撑等内容作出了具体要求。2016年12月，中国环保部制定了《排污许可证管理暂行规定》，对排污许可证的申请、核发、实施、监管各个环节的管理程序和规范作了进一步的细化要求。2020年，我国已完成覆盖所有固定污染源的排污许可证核发工作，实现对固定污染源全过程管理和多污染物协同控制。排污许可证制度已经成为我国治理环境、减污治污、环境规制的重要工具，为管理、监督和规范排污企业起着重要的作用。

（四）污染限期治理制度

污染限期治理制度是指环保部门为污染企业设立一个强制性的期限，强制污染企业在规定期限内进行排污治理和治污整改，从而控制污染物排放量，保证污染达到排放标准。

我国的污染限期治理制度是1978年开始正式实施的，1989年《中华人民共和国环境保护法》对于污染限期治理制度出台了正式规定，上升到国家法律的高度。污染限期治理制度主要适用于两种污染排放的治理：一是特别保护区域内的超出排放标准的污染排放治理；二是严重污染环境的污染排放治理。污染限期治理制度是一种以行政处罚形式对污染企业进行环境治理和污染防治的命令控制型环境规制工具。

二、市场激励型环境规制

尽管命令控制型环境规制工具在环境治理和污染防治过程中起到主导作用，但市场机制的作用仍不容小觑，市场激励型环境规制工具在我国的环境保护和环境治理中越来越显现出其强大的作用。我国的市场激励型环境规制工具主要包括：排污收费制度、环境保护税收制度、排污权交易制度、生态环境补偿费、环境保险、矿产资源补偿税等。本书主要介绍三种较具代表性的市场激励型环境规制：环境保护税收制度、排污收费制度和排污权交易制度。

（一）环境保护税收制度

环境保护税收制度的原型是庇古税，福利经济学家庇古主张由政府出面，通过对污染物征税的方式解决环境污染外部性问题。我国的环境保护税收制度正是出于庇古税的同样动机，通过征收税费的形式解决环境问题，降低污染排放，治理环境污染。

我国向排污企业征收的排污费属于环境保护税收制度的范畴，但随着时代的进步，排污费也在进一步的进步和完善。2015 年，国务院颁布《环境保护税（征求意见稿）》，专门针对排污费做出了如下规定：针对企业事业单位和其他生产经营者向环境排放的污染物征收环境保护税的，不再征收排污费。2016 年全国人大常委会通过了《中华人民共和国环境保护税法》，明确了环境保护税的征税对象为四类污染物：大气污染物、水污染物、固体污染物以及噪声。《中华人民共和国环境保护税法》规定，凡是直接向环境排放以上四类污染物的企业事业单位或者其他生产经营者，均需缴纳环境保护税。该法律对环境保护税的计税依据、应纳税额的计算方法、税收的减免方法以及征税管理方式都进行了详尽的法律规定，并明确了该法律的具体施行时间为 2018 年 1 月 1 日。

环境保护税收制度是一种新型的市场激励型环境规制工具，通过征收环境保护税，可以倒逼企业进行绿色技术创新，从而提高经济增长质量，推进环境保护与经济增长的双赢。然而，环境保护税收制度也有其局限性，由于环境问题的复杂性以及排污企业的千面性，环境保护税收制度不能起到"万金油"的作用，需要与其他环境规制工具综合起来，共同实现环境保护与生态治理的目标，从而提高经济增长质量。

（二）排污收费制度

排污收费制度是由环保部门按照相关环保法律法规的规定，根据污染物排放的数量和种类，向污染物排放单位收取相应的税收或费用的一种市场激励型环境规制工具。

1979 年颁布的《中华人民共和国环境保护法（试行）》确定了排污收费制度的合法地位，排污收费制度就成为约束环境污染排放的一种有力政策。1982 年，国务院颁布了《征收排污费暂行办法》，将排污费征收的目的、范围、收费程序以及收费标准具体化、细节化，标志着我国排污收费制度的进一步完善。1989 年，国务院颁布了《污染源治理专项基金有偿使用暂行办法》，将部分排污费作为环保补助资金用于环境保护。进入 21 世纪，生态环境污染进一步恶化，环境保护和生态治理的任务进一步加重，一系列以排污费用征收为手段的法律法规陆续出台，如《排污费征收使用管理条例》《排污费征收标准管理办法》《排污费资金收缴使用管理办法》《排污费征收工作稽查办法》等，进一步补充和完善了排污费征收制度，进一步明确了征收标准、收缴方式、使用途径、稽查内容。

排污收费制度是我国重要的市场激励型环境规制工具之一，对于我国的环境保护、污染治理、经济高质量发展起到了重要的作用，但其也具有一些局限性，有待进一步补充和完善。

（三）排污权交易制度

排污权交易制度是指在特定区域内，在控制各种污染物排放总量的前提下，允许排污单位之间通过市场交易调剂排污量的经济活动。排污权交易制度是一种特殊的市场激励型环境规制工具，其实施须经过三个步骤：第一步，确定本地区污染物排放总量控制目标，即由环保部门对本地区的环境容量进行评估，从而确定本地区污染物排放总量控制目标。第二步，分解污染排放总量目标，即将污染排放总量目标进行分解，将污染排放总量目标分解为规定单位的排污权。第三步，调剂排污量，即在控制污染物排放总量的前提下，允许排污单位之间通过市场交易来调剂排污量。

中国最早进行的排污权交易尝试是从 20 世纪 80 年代开始的，早期排污权交易市场化程度较低，多为政府部门统一安排的无偿交易，交易的污染物有水污染物、大气污染物等。2014 年 9 月，国务院办公厅发布《关于进一步推进排污权有偿使用和交易试点工作的指导意见》，提出未来排污权交易制度建设的总体要求及工作目标，明确了排污权交易制度建设的主要内容；要求试点地区应于 2015 年底前完成现有排污单位排污权的初次核定，2017 年底基本建立排污权的有偿使用制度和排污权交易制度，并在全国范围内全面推行。排污权交易作为新形势下的环境政策，通过市场经济手段越来越凸显出它的价值，截至 2017 年底，全国共有 28 个省份开展了排污交易权使用试点，除了 11 个国家试点地区以外，还包括广东、福建、山东等地主动开展的排污权交易试点工作。各地排污权交易试点工作总体初见成效，取得了一定的环境效益和经济效益。

三、自愿型环境规制

自愿型环境规制是由企业自身、行业协会或其他主体提出的环境保护协议或承诺，企业可以自愿选择是否参与其中。自愿型环境规制不具有强制约束力，是通过激励企业自愿参与环保行动，主动采取污染治理措施，来实现环境质量改善的目的。本书主要介绍两种较具代表性的自愿型环境规制工具：自愿型环境协议和环境信息手段。

（一）自愿性环境协议

自愿性环境协议是企业由被动应付政府环境管制转变为主动实施节能减排措施，通过这种转变，企业获得政府和社会公众的好评，从而提升企业社会形象。自愿性环境协议的参与者除了地方政府、环保部门、环保组织以外，还可以引入社区组织、居民代表、第三方组织等，从而提高环境规制的社会公众参与度，强化社会监督，并加强各主体的信息沟通、减少纠纷。中国自 20 世纪 90 年代引入自愿性环境协议，并在进入 21 世纪以来，随着科学发展观和生态文明建设理念的深入发展，自愿性环境协议取得较好的发展势头，比如在区域发展层面上，大力倡导生态市示范区建设，推动生态市（县）、环保模范城市创建与评选；在地区产业布局和社区规划方面，支持生态工业园区建设和绿色社区建设；在微观经济领域，提倡节能产品、绿色产品、有机食品、环境标志产品的认证与推广。

（二）环境信息手段

环境信息手段主要是政府或企业为满足公众对环境信息的需求，通过各种渠道或方式及时、充分、准确地向社会公众公开各类环境信息，保障社会公众对环境信息的知情权。环境信息公开的主体可以是政府及其相关部门，也可以是企业自身。政府及其环保部门公布的环境信息包括国家环保部制定的空气质量指数等；企业公布环保信息包括企业按规定公布其环境保护方针、污染治理措施、污染物排放总量、环保守法、环境管理等方面的信息，也包括企业通过环境认证、生态标签、能效标识等方式向社会公众传递环境信息。

第三节　本章小结

本章主要介绍了中国环境规制政策的历史变迁以及主要的环境规制类型。根据中国经济发展的先后阶段的不同特点，中国的环境规制政策经历了四个阶段的历史变迁，分别是起步奠基期、初步形成期、逐步完善期、创新强化期。总体来看，中国的环境规制随着国家经济实力和国际竞争力的提升而不断完善和发展，对于优化环境质量、治理污染企业、减少污染排放、降低资源浪费均起到了积极作用。目前，中国主要的环境规制工具有三种：命令控制型环境规制、市场激励型环境规制以及自愿型环境规制。这些环境规制往往被综合使用，进行污染防治和环境治理。通过对中国现行主要的环境规制工具类型的介绍，对于后面章节进一步探讨环境规制如何影响经济增长质量提供了一定的现实参考。

第五章　中国经济增长质量的测度与分析

经济增长质量分析是经济增长议题的重要研究部分，而如何度量经济增长的质量水平是经济增长质量问题由定性分析演进为定量分析的关键环节。本部分内容将主要围绕中国经济增长质量指数的测度及分析展开研究。

—————　第一节　测度指标体系构建　—————

近些年，相对于将经济增长质量简单地理解为经济增长的效率（卡马耶夫，1977；刘亚建，2002），学者们从更广义的范畴来界定经济增长质量，认为经济增长质量还应包括经济效益和稳定性、人的全面发展、经济社会环境的协调发展、生态环境的可持续性等方面（Barro，2002；刘树成，2007；钞小静和任保平，2011；叶初升，2014；王薇和任保平，2015）。借鉴钞小静和任保平（2011）、王薇和任保平（2015）的研究思路，本书从经济增长的结构、效率、稳定性和持续性四个维度来考察经济增长质量，即实现高质量的经济增长意味着借助于经济效率的提高，在经济结构均衡发展和经济平稳运行的同时实现经济社会的长期可持续发展。基于此，经济增长质量的函数可以表示为：

$$Quality = Quality(Str, Eff, Sta, Sus) \qquad (5-1)$$

其中，*Quality* 表示经济增长质量，*Str* 表示经济增长的结构，*Eff* 表示经济增长的效率，*Sta* 表示经济增长的稳定性，*Sus* 表示经济增长的持续性。此外，这里假定经济增长质量的函数式（5-1）属于柯布—道格拉斯型。

基于以上对经济增长质量的定义，容易看出，在经济增长的结构、效率、稳定性和持续性四个维度上，每一维度的改善都会促进经济增长质量水平的提高。同时，类似于边际报酬递减规律，我们这里假定，每一维度的改善对提高经济增长质量的边际作用是递减的。于是，可以得到：

$$\frac{\mathrm{d}\,Quality}{\mathrm{d}\,Str} > 0,\frac{\mathrm{d}^2 Quality}{\mathrm{d}\,Str^2} < 0$$

$$\frac{\mathrm{d}\,Quality}{\mathrm{d}\,Eff} > 0,\frac{\mathrm{d}^2 Quality}{\mathrm{d}\,Eff^2} < 0$$

$$\frac{\mathrm{d}\,Quality}{\mathrm{d}\,Sta} > 0,\frac{\mathrm{d}^2 Quality}{\mathrm{d}\,Sta^2} < 0$$

$$\frac{\mathrm{d}\,Quality}{\mathrm{d}\,Sus} > 0,\frac{\mathrm{d}^2 Quality}{\mathrm{d}\,Sus^2} < 0$$

进一步地，对经济增长质量 *Quality* 求全微分：

$$\mathrm{d}\,Quality = \frac{\mathrm{d}\,Quality}{\mathrm{d}\,Str} \times \mathrm{d}\,Str + \frac{\mathrm{d}\,Quality}{\mathrm{d}\,Eff} \times \mathrm{d}\,Eff$$

$$+ \frac{\mathrm{d}\,Quality}{\mathrm{d}\,Sta} \times \mathrm{d}\,Sta + \frac{\mathrm{d}\,Quality}{\mathrm{d}\,Sus} \times \mathrm{d}\,Sus \quad (5-2)$$

将式（5-2）左右两边分别乘以 $\frac{1}{Quality}$，并进行变形可得到：

$$\frac{\mathrm{d}\,Quality}{Quality} = \frac{\mathrm{d}\,Quality}{\mathrm{d}\,Str}\frac{Str}{Quality} \times \frac{\mathrm{d}\,Str}{Str} + \frac{\mathrm{d}\,Quality}{\mathrm{d}\,Eff}\frac{Eff}{Quality} \times \frac{\mathrm{d}\,Eff}{Eff}$$

$$+ \frac{\mathrm{d}\,Quality}{\mathrm{d}\,Sta}\frac{Sta}{Quality} \times \frac{\mathrm{d}\,Sta}{Sta} + \frac{\mathrm{d}\,Quality}{\mathrm{d}\,Sus}\frac{Sus}{Quality} \times \frac{\mathrm{d}\,Sus}{Sus}$$

$$(5-3)$$

其中，$\frac{\mathrm{d}\,Quality}{Quality}$、$\frac{\mathrm{d}\,Str}{Str}$、$\frac{\mathrm{d}\,Eff}{Eff}$、$\frac{\mathrm{d}\,Sta}{Sta}$ 和 $\frac{\mathrm{d}\,Sus}{Sus}$ 分别表示经济增长质

量和四个维度的增长率，将其分别记为 ρ、ρ_1、ρ_2、ρ_3 和 ρ_4；$\dfrac{\mathrm{d}\,Quality}{\mathrm{d}\,Str} \times$

$\dfrac{Str}{Quality}$、$\dfrac{\mathrm{d}\,Quality}{\mathrm{d}\,Eff} \times \dfrac{Eff}{Quality}$、$\dfrac{\mathrm{d}\,Quality}{\mathrm{d}\,Sta} \times \dfrac{Sta}{Quality}$ 和 $\dfrac{\mathrm{d}\,Quality}{\mathrm{d}\,Sus} \times \dfrac{Sus}{Quality}$ 分

别表示四维度的经济增长质量弹性，将其分别记为 φ_1、φ_2、φ_3 和 φ_4。因此，式（5-3）可表示为：

$$\rho = \rho_1\varphi_1 + \rho_2\varphi_2 + \rho_3\varphi_3 + \rho_4\varphi_4 \qquad (5-4)$$

式（5-4）反映出，经济增长质量的提高一方面取决于经济增长在结构、效率、稳定性和持续性四个维度上的改善（增长率），另一方面取决于四维度的质量弹性系数。考虑到质量弹性系数在一定时期内具有相对稳定性（钞小静和任保平，2011），因此，经济增长质量的提高主要来源于经济结构、经济效率、经济稳定性和经济可持续性四维度的改善。

根据以上分析，本书将从经济增长的结构、效率、稳定性和持续性四个维度来构建指标体系，以综合评价经济增长的质量水平。

一、经济增长的结构维度指标

经济增长的结构维度反映的是在经济增长过程中的资源配置、要素分布、区域和产业协调等情况。基于此，我们从需求结构、产业结构、城乡二元结构、金融结构、收入分配及国际收支六个方面来考察经济增长的结构维度。其中，需求结构用投资率、消费率及二者的比值来衡量；产业结构用第一、第二、第三产业的相对劳动生产率来衡量[1]；城乡二元结构用二元对比系数衡量[2]；金融结构用 M_2 与 GDP 的比值衡量；收入分配情况用城乡收入比和基尼系数衡量[3]；国际收支

---

[1] 根据钞小静和任保平（2011）的研究，产业相对劳动生产率是指一个产业的产值比重与就业比重的比率。

[2] 二元对比系数是指农业比较劳动生产率与非农业比较劳动生产率的比率。

[3] 基尼系数指标主要参照刘东皇等（2013）的研究。

情况用进出口总额与 GDP 的比值衡量。

二、经济增长的效率维度指标

经济增长的效率维度是经济增长质量的核心内容，提升经济增长的效率是提高经济增长质量的内在要求，也是保证经济稳定、可持续增长的关键。高效率的经济增长在本质上要求相同产出下的更少要素投入和能源消耗（王薇和任保平，2015），因此我们从要素生产率和能源利用率两个方面来反映经济增长的效率维度。其中，要素生产率用劳动生产率和资本生产率来衡量[①]；能源利用率用单位产出能耗比衡量。

三、经济增长的稳定性维度指标

经济增长的稳定性维度反映的是经济增长过程中的起伏波动情况。大幅的经济波动会带来产出水平、就业水平和物价水平的剧烈变动，一方面会导致资源配置效率的下降和要素市场的扭曲，影响经济增长的效率，另一方面会影响市场经济的运行机制，破坏经济结构的平衡，损害经济增长的可持续性，进而不利于经济增长质量的提高。因此，减小经济增长的波动幅度是提高经济增长质量的有效前提。基于此，我们从产出波动、就业波动和物价波动三个方面来反映经济增长的稳定性维度。其中，产出波动用经济增长波动系数衡量[②]；就业波动用失业率衡量；物价波动用通货膨胀率衡量。

四、经济增长的持续性维度指标

经济增长的持续性维度反映的是经济保持长期持续增长的能力。

---

① 劳动生产率用实际 GDP/从业人数衡量，资本生产率用实际 GDP/资本存量衡量；资本生产率中的资本存量参照张军和章元（2003）的方法进行估计，折旧率设定为 9.6%。

② 根据王薇和任保平（2015）的研究，经济增长波动系数用当年实际经济增长率对滞后 5 年的移动平均增长率的偏离度表示。

传统经济增长理论在不考虑技术进步的情况下，认为单纯依靠要素投入和能源消耗的经济增长是边际报酬递减的，而现代经济增长理论认为技术进步是经济增长的动力来源，技术进步可以提高要素生产率和能源利用率，使得经济增长呈现边际报酬递增趋势，促进经济可持续增长。另外，从新制度经济学的角度来看，制度创新是经济增长的根本来源。通过制度创新设定合理有效的激励和约束机制，降低市场交易费用，提高社会生产率，进而促进经济长效增长。因此，本书主要从技术创新和制度创新两个方面来反映经济增长的持续性维度。其中，技术创新用专利授权数和 R&D 投入强度衡量；制度创新用市场化指数衡量。

基于以上分析，经济增长质量综合指数主要通过经济增长的结构、效率、稳定性和持续性四个分维度指数来测度，各维度指数又通过不同的分项指标和基础指标来反映，具体的测度指标体系列于表 5 - 1。

表 5 - 1　　　　　　　经济增长质量综合指数的测算指标体系

	维度指数	分项指标	基础指标	指标的正逆属性
经济增长质量综合指数	经济增长的结构维度	需求结构	投资率	适度
			消费率	适度
			投资率与消费率的比值	逆指标
		产业结构	第一产业的相对劳动生产率	正指标
			第二产业的相对劳动生产率	正指标
			第三产业的相对劳动生产率	正指标
		城乡二元结构	二元对比系数	正指标
		金融结构	M2 与 GDP 的比值	正指标
		收入分配	城乡收入比	逆指标
			基尼系数	逆指标
		国际收支	进出口总额与 GDP 的比值	正指标
	经济增长的效率维度	要素生产率	劳动生产率	正指标
			资本生产率	正指标
		能源利用率	每单位产出能耗	逆指标
	经济增长的稳定性维度	产出波动	经济增长波动系数	逆指标
		就业波动	失业率	逆指标
		物价波动	通货膨胀率	逆指标
	经济增长的持续性维度	技术创新	专利授权数	正指标
			R&D 投入强度	正指标
		制度创新	市场化指数	正指标

第二节 测度方法与数据说明

一、测度方法

从表5-1可以看出，经济增长质量指数由多维度、多分项的指标体系所构成，并且各维度指数和各分项指标之间可能存在着较大的相关性。因此，已有研究主要采用了层次分析法、因子分析法、主成分分析法和熵权法等来分别测度各维度指数，进而再合成经济增长质量综合指数。相对来说，层次分析法主要依据分析者对各指标的主观判断来进行赋权，可能会高估或低估一些指标的重要程度，进而影响综合指数的可靠性。因子分析法和主成分分析法均是利用原始数据本身所反映的信息贡献度去设定各指标的权重，进而避免指标权重赋值的主观性。但是，这两种方法在实际应用中也存在一定的局限性，因子分析法在提取公共因子时就不可避免地舍弃了各分维度指数的变化信息，仅能反映综合指数的变化信息；在使用主成分分析法时，如果主成分因子的符号有正有负，则综合评价指数的意义就不明确。熵权法是根据指标变异程度的大小来客观确定权重的一种赋权方法，即一个指标的信息熵越小，该指标的变异程度（或离散程度）就越大，说明该指标的信息量越多，在综合指标体系中的重要程度越大，该指标的权重也越大。

基于上述分析，本书使用熵权法和主成分分析法相结合的方法来测算经济增长质量的分维度指数和综合指数。具体来说，首先，使用熵权法对各维度指数的每一基础指标进行客观赋权，利用主成分分析的降维技术简化各维度指数的指标体系，进而测算出经济增长质量的四个分维度指数；其次，再用同样的方法测算经济增长质量的综合指数，即使用熵权法对每一维度指数进行客观赋权，然后利用主成分分析法的降维技术将四个分维度指数进行合成，得到经济增长质量的综合指数。

二、数据说明与指标处理

本书的样本期间选取为2000~2016年[1]，以上各个指标的原始数据主要来源于历年《中国统计年鉴》《新中国六十年统计资料汇编》《中国劳动统计年鉴》《中国城市统计年鉴》《中国城乡建设统计年鉴》《中国能源统计年鉴》《中国科技统计年鉴》以及樊纲等（2011）的研究成果[2]，并选取1978年作为样本基期。此外，对于部分缺失数据，我们通过回归估计方法进行补齐。

由于各个基础指标在指标属性上存在较大差异，既有正向指标也有逆向指标，其本身对经济增长质量的作用方向是相反的，如果将这些作用方向相反的指标直接加总并不能真实反映各基础指标的综合作用和效果，这就需要将所有逆向指标（主要包括投资率和消费率的比值、城乡收入比、基尼系数、每单位产出能耗、经济增长波动系数、失业率及通货膨胀率）正向化。这里，我们参照钞小静和任保平（2011）、王薇和任保平（2015）的处理方法，对这些逆向指标进行取倒数处理，进而所有基础指标对经济增长质量的作用方向一致。此外，还有一类基础指标（投资率和消费率）属于适度性质，即这类指标并非越高（或越低）越好，而是存在一定的适度值或适度区间。借鉴项俊波（2008）的研究，投资率的适度值为38%，消费率的适度值为60%。

---

① 鉴于本书主要是分析环境规制对经济增长质量的影响，而中国的环境规制政策在2000年以后才逐步进入深化阶段，同时考虑到数据的可获得性，本书的样本期间选取为2000~2016年。

② 市场化指数的缺失年份数据利用回归方法进行补齐。

此外，各个基础指标之间还存在量级和量纲有较大差异的问题，如果直接使用这些指标的原始值确定熵值进行赋权和主成分分析，就可能高估具有较大量级或方差的指标的重要程度，进而会影响综合指数的精确性，因此，需要利用均值化方法将各个基础指标的数据进行无量钢化。基于以上处理后的指标和数据，运用熵权法确定各指标权重，利用主成分分析简化测度指标体系，分别可计算出四个分维度指数和经济增长质量综合指数。

第三节　测度结果及分析

一、中国经济增长质量的测度结果

（一）总体层面

如前所述，经济增长质量的提高一方面取决于经济增长在结构、效率、稳定性和持续性四个维度上的改善（增长率），另一方面取决于四维度的质量弹性系数。在各维度质量弹性系数相对固定的情况下，经济增长质量的提高主要来源于经济结构、经济效率、经济稳定性和经济可持续性四维度的改善。因此，本书从经济增长的结构、效率、稳定性和持续性四个维度构建基础指标体系，来综合评价中国经济增长的质量水平。利用熵权法和主成分分析法对各基础指标进行赋权，得到各分维度指数的数值，再利用相同的方法对各分维度指数进行赋权，即可得到四个分维度指数的权重系数，进而可计算出经济增长质量的综合指数。各基础指标和分维度指数的主成分权重系数列于表 5 - 2。

表 5 - 2　　　　　　　各基础指标和分维度指数的权重

基础指标	基础指标权重	基础指标	基础指标权重
投资率	- 0.082	进出口总额与 GDP 的比值	0.303
消费率	0.093	劳动生产率	0.218
投资率与消费率的比值	0.241	资本生产率	0.100
第一产业的相对劳动生产率	0.263	每单位产出能耗	0.374
第二产业的相对劳动生产率	0.146	经济增长波动系数	0.165
第三产业的相对劳动生产率	0.192	失业率	- 0.078
二元对比系数	0.105	通货膨胀率	- 0.133
M2 与 GDP 的比值	0.113	专利授权数	0.146
城乡收入比	- 0.207	R&D 投入强度	0.197
基尼系数	- 0.210	市场化指数	0.207
维度指数	维度指数权重	维度指数	维度指数权重
经济增长的结构维度	0.139	经济增长的稳定性维度	0.048
经济增长的效率维度	0.392	经济增长的持续性维度	0.447

从表 5 - 2 可以看出，2000 ~ 2016 年经济增长的持续性维度在经济增长质量的综合指数中的权重最高，权重系数为 0.447，说明此期间中国经济在持续性维度上的改善对中国经济增长质量提升的贡献程度最大。具体而言，经济增长持续性维度的改善主要表现在专利授权数、R&D 投入强度和市场化指数这三个基础指标上。其次，经济增长的效率维度在经济增长质量的综合指数中的权重也较高，权重系数为 0.392，说明经济增长效率的改善，即要素生产率的提高和单位产出能耗的降低对中国经济增长质量的提升也发挥了较大作用。但是，相对而言，经济增长的结构维度和稳定性维度在经济增长质量的综合指数中的权重较小，权重系数分别为 0.139 和 0.048，这反映在本书样本期间中国经济增长质量的变化较少表现在结构维度和稳定性维度上。不过，这里需要说明的是，持续性维度和效率维度对提升中国经济增长质量水平的贡献较大，并非意味着这两个维度的质量指数都处于较高水平，而只是说明经济增长在这两个维度上的变化幅度较大。

基于表5-2的各基础指标和分维度指数的权重系数，可分别测算出中国2000~2016年的四个分维度指数和经济增长质量综合指数，测度结果报告于表5-3。

表5-3 2000~2016年中国经济增长质量指数

年份	结构维度指数	效率维度指数	稳定性维度指数	持续性维度指数	经济增长质量综合指数
2000	1.412	1.301	1.728	1.314	1.515
2001	1.270	1.341	1.782	1.338	1.586
2002	1.133	1.376	1.878	1.392	1.672
2003	0.921	1.411	1.953	1.450	1.790
2004	0.995	1.451	1.911	1.500	1.809
2005	0.953	1.509	1.980	1.557	1.885
2006	0.920	1.574	2.030	1.616	1.961
2007	0.924	1.648	1.748	1.676	1.903
2008	0.946	1.732	1.832	1.711	1.979
2009	0.924	1.824	1.832	1.858	2.070
2010	0.998	1.900	1.761	1.994	2.102
2011	1.125	1.982	1.820	2.093	2.164
2012	1.195	2.045	1.812	2.279	2.235
2013	1.209	2.172	1.794	2.333	2.269
2014	1.228	2.198	1.820	2.365	2.318
2015	1.335	2.295	1.810	2.528	2.374
2016	1.399	2.374	1.810	2.635	2.426
增长率	0.037	0.415	0.009	0.463	0.330

注：各指数的增长率是由2000~2002年的均值相对2014~2016年的均值计算得到。

（二）区域层面

上述测度结果反映了中国经济增长质量的整体变化情况，但由于中国在区域发展上存在较大的不平衡性，各地区在经济增长的结构、效率、稳定性及可持续性等方面都有不同程度的差异。基于此，本书将沿袭以上测度方法和评价指标体系，来测度中国区域层面的经济增长质量分维度指数和综合指数，以考察中国经济增长质量的地区异质性。

限于省际层面数据的可获得性和可比性，需要对部分基础指标进行调整。其一是经济增长结构维度中的金融结构指标。我们在测度总体层面的经济增长质量指数时，用 M_2 与 GDP 的比值来反映金融结构，但是目前尚未有按地区统计的 M_2 数据，因此我们借鉴钞小静和任保平（2011）的方法，改用各地区的银行存贷款余额与 GDP 的比值来衡量金融结构指标。其二是经济增长结构维度中的基尼系数指标。在测度总体层面的经济增长质量指数时，我们用城乡收入比和基尼系数两个基础指标来衡量分项指标收入分配，虽然基尼系数能最直接反映收入分配差距，但目前我国省际层面基尼系数的测算结果认可度较低。因此，我们改用城乡收入比和泰尔指数来衡量各地区的收入分配情况。以上相关指标的测算数据主要从历年各省份《统计年鉴》《中国劳动统计年鉴》《中国城市统计年鉴》《中国城乡建设统计年鉴》《中国科技统计年鉴》《中国能源统计年鉴》以及中国人民银行发布的《中国区域金融运行报告》等数据库获取，部分缺失数据依然使用回归估计法进行补齐。此外，在省际样本的选择上，由于西藏自治区的数据缺失较多，港澳台地区的数据口径不一致，我们最终选取 30 个省市作为省际样本。

沿袭总体层面的测算方法，首先，对逆向指标进行取倒数处理，以使其正向化；其次，利用均值化方法将各个基础指标的数据进行无量纲化处理；再次，运用熵权法确定各基础指标的权重系数，利用主成分分析测算各省市的分维度指数；最后，运用熵权法确定各分维度指数的权重系数，利用主成分分析测算出中国各省市的经济增长质量综合指数。

表 5 - 4 报告了 2016 年中国各省份经济增长质量的分维度指数和综合指数。总体而言，各省份之间在分维度指数和综合指数上都表现

出了较大的差异性，地区经济增长的质量水平很不均衡。

表 5 - 4　　　2016 年中国各省份经济增长质量指数

省份	结构维度指数	效率维度指数	稳定性维度指数	持续性维度指数	经济增长质量综合指数
北京	4.758	1.306	0.556	5.932	7.951
天津	1.144	0.857	0.587	2.092	3.256
河北	0.319	0.924	1.226	0.227	0.958
山西	0.392	0.892	4.076	0.474	1.574
内蒙古	0.628	0.679	0.948	0.299	0.963
辽宁	0.556	0.904	1.782	0.742	1.421
吉林	0.268	0.789	0.845	0.309	1.136
黑龙江	0.392	0.978	1.123	0.721	1.321
上海	3.551	1.248	0.577	1.978	5.996
江苏	0.814	1.123	0.525	0.773	2.119
浙江	0.927	1.154	0.701	0.392	2.258
安徽	0.361	1.113	0.577	0.786	1.252
福建	0.618	1.092	0.536	0.299	2.772
江西	0.392	1.175	0.601	0.448	1.075
山东	0.525	0.968	0.652	0.464	1.308
河南	0.381	0.907	0.641	0.231	0.994
湖北	0.299	1.102	0.503	1.896	1.878
湖南	0.288	1.041	0.558	0.381	1.219
广东	1.278	1.308	0.551	0.855	2.871
广西	0.350	0.886	0.599	0.217	1.025
海南	0.484	0.907	0.485	0.220	1.871
重庆	0.659	1.257	0.402	0.402	1.392
四川	0.402	1.108	0.647	0.762	1.260
贵州	0.384	1.097	0.319	0.412	0.815
云南	0.309	0.845	0.515	0.453	0.817
陕西	0.355	2.411	0.610	2.607	1.902
甘肃	0.352	1.710	0.618	1.401	1.209
青海	0.343	0.598	0.606	1.597	1.172

续表

省份	结构维度指数	效率维度指数	稳定性维度指数	持续性维度指数	经济增长质量综合指数
宁夏	0.333	0.381	0.711	0.354	0.693
新疆	0.256	0.010	0.532	0.258	0.649

注：限于篇幅，这里仅报告了 2016 年的省际经济增长质量指数。

表 5 - 5 报告了 2000 ~ 2016 年各省份经济增长质量综合指数的排名情况。从表 5 - 5 可以看出，大多数省份经济增长质量指数的排名都处于不断调整和波动过程中。其中，北京市、天津市、福建省、广东省和海南省等地区的经济增长质量综合指数的排名提升幅度较为显著，而河北省、湖南省、云南省、青海省和新疆维吾尔自治区等地区的下降幅度较为明显。

表 5 - 5　　2000 ~ 2016 年中国各省份经济增长质量综合指数的排名

省份	2000 年	2002 年	2004 年	2006 年	2008 年	2010 年	2012 年	2014 年	2016 年
北京	21	17	15	8	1	1	1	1	1
天津	24	23	21	23	12	2	3	4	3
河北	10	7	4	14	19	15	20	23	26
山西	16	28	29	17	22	25	27	29	11
内蒙古	17	10	6	1	8	14	22	18	25
辽宁	5	8	18	3	6	7	9	17	12
吉林	27	21	12	29	23	21	17	15	21
黑龙江	6	11	25	12	15	17	12	10	14
上海	4	5	5	6	4	3	2	2	2
江苏	13	4	2	9	2	5	8	6	7
浙江	14	9	8	2	3	4	7	8	6
安徽	20	15	10	7	5	6	10	21	17
福建	18	26	22	20	17	11	4	5	5
江西	23	3	1	21	13	16	18	19	22
山东	19	25	26	18	7	9	5	13	15
河南	15	16	11	25	21	18	23	20	24
湖北	3	24	14	16	10	8	13	7	9

续表

省份	2000 年	2002 年	2004 年	2006 年	2008 年	2010 年	2012 年	2014 年	2016 年
湖南	1	22	24	28	25	23	16	11	18
广东	26	27	23	15	9	12	6	3	4
广西	28	30	28	22	30	24	29	26	23
海南	25	19	16	27	16	19	14	12	10
重庆	11	12	17	26	18	13	15	16	13
四川	9	14	20	13	24	10	11	14	16
贵州	29	18	27	30	26	28	21	27	28
云南	7	2	9	19	27	22	24	9	27
陕西	2	1	3	5	11	20	25	24	8
甘肃	30	13	7	10	29	27	30	25	19
青海	8	29	30	24	28	30	26	28	20
宁夏	22	6	13	4	20	29	28	30	29
新疆	12	20	19	11	14	26	19	22	30

注：限于篇幅，这里仅报告了各省份部分年份的经济增长质量综合指数的排名情况。

二、中国经济增长质量的特征事实分析

（一）中国经济增长质量的变化趋势

为了在整体上考察中国经济增长质量水平的演进趋势，我们根据以上总体层面的测度结果，绘制了 2000～2016 年中国经济增长质量的分维度指数和综合指数的变化趋势图，如图 5 - 1 所示。从图 5 - 1 能够得到以下结论。

第一，中国经济增长的结构维度指数呈现先下降后上升的"U"型变化趋势，即 2000～2005 年结构维度指数一直处于下降趋势，而 2006 年后开始逐渐上升，这说明在中国进行市场经济改革和经济结构转型的过程中，过去较不合理的需求结构、产业结构、金融结构、国际收支结构等逐步在朝着合理化的方向改善。

第二，效率维度指数和持续性维度指数表现为显著的逐年递增趋势，增长率分别达到 41.5% 和 46.3%，这说明 2000～2016 年中国的

要素生产率和能源利用率在逐步提升，中国在技术创新和制度创新方面也在不断进步，经济可持续发展的能力在稳步提高。

第三，稳定性维度指数呈现出较明显的阶段性特征，即 2000 ~ 2006 年稳定性维度指数表现为上升趋势，而 2007 ~ 2016 年则无较大调整，维持在一个相对固定的水平，这反映出在此期间中国经济在产出、就业及通货膨胀等方面处于一个较为稳定的状态。

第四，综合来看，中国经济增长质量的综合指数在 2000 ~ 2016 年呈现出明显的上升趋势，从 2000 年的 1.515 提高到 2016 年的 2.426，年均增长 2.99%。中国经济增长质量综合指数的变化趋势与效率维度指数和持续性维度指数的趋势是一致的，这也再次说明，2000 ~ 2016 年中国经济增长质量的提高主要来源于经济增长效率维度和经济增长持续性维度的改善。

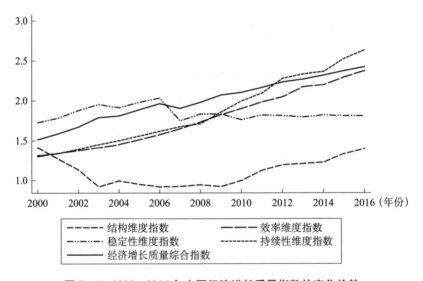

图 5 - 1　2000 ~ 2016 年中国经济增长质量指数的变化趋势

（二）中国经济增长质量的区域差异

1. 区域经济增长质量的横向比较

从表 5 - 4 可以看出，中国各省份之间在经济增长质量的分维度指数和综合指数上都表现出了较大的差异性，中国经济增长的质量水平在区域上很不平衡。因此，本书将分别从四个分维度指数和经济增长质量综合指数来比较分析中国经济增长质量的区域差异。

第一，经济增长结构维度的横向比较。根据表5-4的测度结果，我们将2016年各省份经济增长质量的结构维度指数按照排名顺序绘制出图5-2（2016年中国各省份经济增长结构维度指数排名）。从图5-2可以看出，2016年经济增长质量的结构维度指数排名居前5位的分别是北京市、上海市、广东省、天津市及浙江省，其经济增长结构维度指数的平均值为2.332；排名居后5位的分别是云南省、湖北省、湖南省、吉林省及新疆维吾尔自治区，其经济增长结构维度指数的平均值为0.284；排名居前5位省份的结构维度指数的平均值是排名居后5位省份结构维度指数的平均值的8.211倍，这说明中国区域间经济增长的结构发展水平极不平衡，两极分化情况非常显著。经济增长结构发展较好的地区普遍落入经济较为发达的地区，而中西部地区经济增长结构调整较为缓慢。因此，调整地区经济增长结构，尤其是产业结构、投资消费结构及城乡二元结构是中西部地区经济增长质量提高的当务之急。

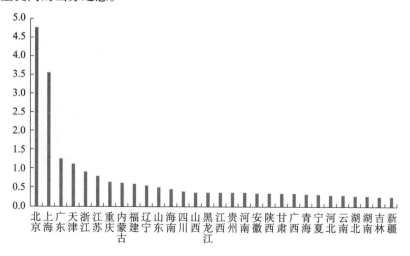

图5-2 2016年中国各省份经济增长结构维度指数排名

第二，经济增长效率维度的横向比较。根据表 5 - 4 的测度结果，我们将 2016 年各省份经济增长质量的效率维度指数按照排名顺序绘制出图 5 - 3（2016 年中国各省份经济增长效率维度指数排名）。从图 5 - 3 可以看出，2016 年经济增长质量的效率维度指数排名居前 5 位的分别是陕西省、甘肃省、广东省、北京市及重庆市，其经济增长效率维度指数的平均值为 1.598；排名居后 5 位的分别是吉林省、内蒙古自治区、青海省、宁夏回族自治区及新疆维吾尔自治区，其经济增长效率维度指数的平均值为 0.491；排名居前 5 位省份的效率维度指数的平均值是排名居后 5 位省份效率维度指数的平均值的 3.253 倍。可以看出，位于西部地区的陕西省和甘肃省的经济增长效率维度指数在 2016 年最高，经济较为发达的东部地区经济增长的效率维度指数排名也较为靠前，而大多数中西部地区及东北地区经济增长的效率较低，尤其是青海省、宁夏回族自治区和新疆维吾尔自治区等地区，在未来经济增长中亟待需要考虑效率因素，通过提高区域发展的要素生产率来促进经济增长质量的提高。

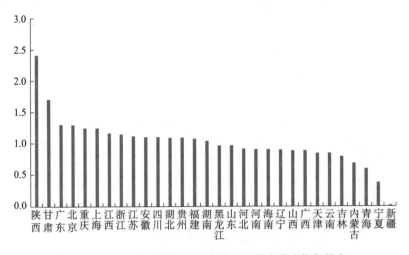

图 5 - 3　2016 年中国各省份经济增长效率维度指数排名

第三，经济增长稳定性维度的横向比较。根据表 5 - 4 的测度结果，我们将 2016 年各省份经济增长质量的稳定性维度指数按照排名顺序绘制出图 5 - 4（2016 年中国各省份经济增长稳定性维度指数排名）。从图 5 - 4 可以看出，2016 年经济增长质量的稳定性维度指数排名居前 5 位的分别是山西省、辽宁省、河北省、黑龙江省及内蒙古自治区，其经济增长稳定性维度指数的平均值为 1.831；排名居后 5 位的分别是云南省、湖北省、海南省、重庆市及贵州省，其经济增长稳定性维度指数的平均值为 0.445；排名居前 5 位省份的稳定性维度指数的平均值是排名居后 5 位省份稳定性维度指数的平均值的 4.116 倍。从中可以看出，经济增长稳定性较高的地区大多落入东北地区以及中西部地区，而东部地区以及南部地区的经济增长速度虽然较快，但经济波动性较大，经济发展容易受到外部环境、内部波动等因素的影响而起伏波动。相对而言，东北地区和西部地区的稳定性较强。因此，需要针对东南部地区的经济短期波动进行相应的调整，并且与长期趋势的影响相结合，以熨平经济增长的波动性，促进地区经济增长质量的进一步提升。

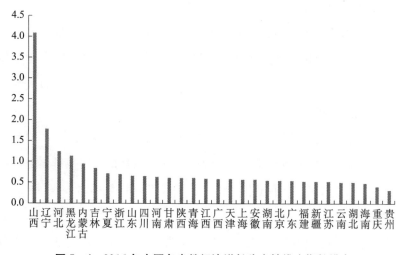

图 5 - 4　2016 年中国各省份经济增长稳定性维度指数排名

第四，经济增长持续性维度的横向比较。根据表 5 - 4 的测度结果，我们将 2016 年各省份经济增长质量的持续性维度指数按照排名顺序绘制出图 5 - 5（2016 年中国各省份经济增长持续性维度指数排名）。从图 5 - 5 可以看出，2016 年经济增长质量的稳定性维度指数排名居前 5 位的分别是北京市、陕西省、天津市、上海市及湖北省，其经济增长持续性维度指数的平均值为 2.901；排名居后 5 位的分别是新疆维吾尔自治区、河南省、河北省、海南省及广西壮族自治区，其经济增长持续性维度指数的平均值为 0.231；排名居前 5 位省份的持续性维度指数的平均值是排名居后 5 位省份持续性维度指数的平均值的 12.581 倍。从中可以看出，各地区在经济增长持续性维度差距悬殊，并且呈现出明显的地域特征。具体来说，东部地区经济增长持续性水平相对较高，尤其是北京市、天津市和上海市等地区，这些地区的科技研发支出占比较高，对创新型经济的结构转型和新经济背景下新动力的转换起到了推动作用。然而，中西部地区的经济增长持续性水平整体偏低，说明这些地区对于科技创新能力的培育和制度创新的重视程度并不高，科技研发支出占财政支出的比重较弱，企业技术创新的主体地位不突出，并且科技创新的社会文化意识薄弱；与此同时，制度创新水平不高，进而导致这些地区的经济增长持续性能力低下。因此，要保持未来经济增长质量的持续、稳定提升，提高制度创新能力、大力支持科学技术创新事业、提高地方自主创新实力成为现实而深刻的变革方向。

第五，经济增长质量综合指数的横向比较。根据表 5 - 4 的测度结果，我们将 2016 年各省份经济增长质量的综合指数按照排名顺序绘制出图 5 - 6（2016 年中国各省份经济增长综合指数排名）。从图 5 - 6 可以看出，2016 年中国各地区经济增长质量综合指数排名居前 5 位的分别是北京市、上海市、天津市、广东省及山西省，其经济增长质量综合指数的平均值为 4.568；排名居后 5 位的分别是河北省、云南省、贵州省、宁夏回族自治区及新疆维吾尔自治区，其经济增长质量综合

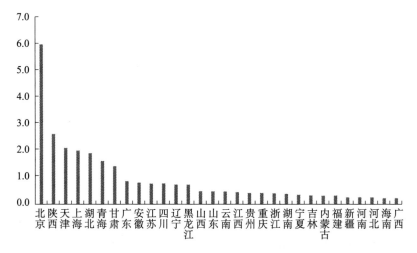

图 5 - 5 2016 年中国各省份经济增长持续性维度指数排名

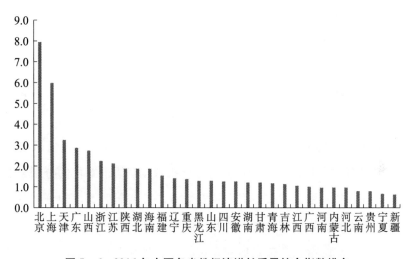

图 5 - 6 2016 年中国各省份经济增长质量综合指数排名

指数的平均值为 0.786；排名居前 5 位省份的经济增长质量综合指数的平均值是排名居后 5 位省份的经济增长质量综合指数的平均值的 5.809 倍。从中可以看出，各地区经济增长质量综合指数的排名也表现出显著的区域特征，即东部发达地区的经济增长质量水平最高，其次为中部地区，经济增长质量水平最低的是西部地区。此外，从以上四个分维度指数的横向比较可以看出，排名居前5位省份和排名居后5位省份的差距最悬殊的是经济增长的持续性维度指数和结构维度指数，这说明2016年中国各地区间经济增长质量水平的差异主要来源于各地区在经济增长持续性水平和经济结构水平上的不同。

2. 区域经济增长质量排名的动态调整

以上区域经济增长质量的横向比较说明了中国经济增长质量在区域间的不平衡性，但是这种区域间的经济增长质量不平衡性同时也是动态调整的。

根据表5-5的中国各省份经济增长质量综合指数的排名，我们绘制了各省份在2000~2016年期间代表性年份的排名变化图，如图5-7所示。从图5-7可以看出，绝大多数省份的经济增长质量综合指数的排名一直处于不断调整和波动状态。2000年，各地区经济增长质量综合指数排名居前5位的分别是湖南省、陕西省、湖北省、上海市及辽宁省，排名居后5位的分别是广东省、吉林省、广西壮族自治区、贵州省及甘肃省。在2004年，各地区经济增长质量综合指数排名居前5位的分别是江西省、江苏省、陕西省、河北省及上海市，排名居后5位的分别是山东省、贵州省、广西壮族自治区、山西省及青海省。2008年，各地区经济增长质量综合指数排名居前5位的分别是北京市、江苏省、浙江省、上海市及安徽省，排名居后5位的分别是贵州省、云南省、青海省、甘肃省及广西壮族自治区。2012年，各地区经济增长质量综合指数排名居前5位的分别是北京市、上海市、天津市、福建省及山东省，排名居后5位的分别是青海省、山西省、宁夏回族自治区、广西壮族自治区及甘肃省。2016年，各地区经济增长质量综合指数排名居前5位的分别是北京市、上海市、天津市、广东省及福建省，排名居后5位的分别是河北省、云南省、贵州省、宁夏回族自治区及新疆维吾尔自治区。以上代表性年份各地区经济增长质量综合指数排名的变动情况反映出，在本书样本初期，一些中部地区省

份的经济增长质量水平相对较高，处于全国前列，但是这种领先优势
逐渐被东部地区的发达省份所赶超；此外，还有一部分西部地区省份
的排名波动幅度较小，地区经济增长质量一直处于较低水平，比如广
西壮族自治区、贵州省、青海省、甘肃省等。

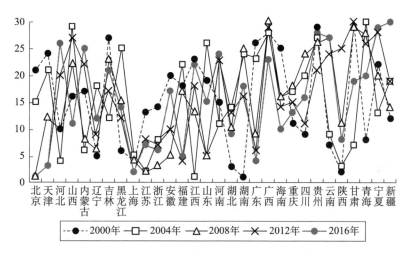

图 5 - 7　2000～2016 年中国各省份经济增长质量综合指数的排名情况

　　为进一步考察区域经济增长质量的动态调整过程，我们比较了中
国各省份经济增长质量综合指数排名的变化情况，如表 5 - 6 所示。
从表 5 - 6 可以看出，2000～2016 年，大多数省份经济增长质量的排
名变化显著，并在各年中呈现出有升有降的动态调整态势。其中，排
名上升最显著的是广东省，在此期间累计提升了 22 个名次，其次是
天津市和北京市，分别累计提升了 21 个和 20 个名次；而排名下降最
明显的是云南省，在此期间累计下降了 20 个名次，其次是新疆维吾
尔自治区、湖南省和河北省，分别累计下降 18 个、17 个和 16 个名
次。这一结果反映出，东部发达地区的经济增长质量提升速度较快，
逐步达到全国领先水平，而中西部地区经济增长质量的差距不断增
大，排名逐渐落后。

表 5 – 6   2000 ~ 2016 年中国各省份经济增长质量综合指数的排名变化

省份	2000 年	2002 年	2004 年	2006 年	2008 年	2010 年	2012 年	2014 年	2016 年	累计
北京	—	4	2	7	7	0	0	0	0	20
天津	—	1	2	– 2	11	10	– 1	– 1	1	21
河北	—	3	3	– 10	– 5	4	– 5	– 3	– 3	– 16
山西	—	– 12	– 1	12	– 5	– 3	– 2	– 2	18	5
内蒙古	—	7	4	5	– 7	– 6	– 8	4	– 7	– 8
辽宁	—	– 3	– 10	15	– 3	– 1	– 2	– 8	5	– 7
吉林	—	6	9	– 17	6	2	4	2	– 6	6
黑龙江	—	– 5	– 14	13	– 3	– 2	5	2	– 4	– 8
上海	—	– 1	0	– 1	2	1	1	0	0	2
江苏	—	9	2	– 7	7	– 3	– 3	2	– 1	6
浙江	—	5	1	6	– 1	– 1	– 3	– 1	2	8
安徽	—	5	5	3	2	– 1	– 4	– 11	4	3
福建	—	– 8	4	2	3	6	7	– 1	0	13
江西	—	20	2	– 20	8	– 3	– 2	– 1	– 3	1
山东	—	– 6	– 1	8	11	– 2	4	– 8	– 2	4
河南	—	– 1	5	– 14	4	3	– 5	3	– 4	– 9
湖北	—	– 21	10	– 2	6	2	– 5	6	– 2	– 6
湖南	—	– 21	– 2	– 4	3	2	7	5	– 7	– 17
广东	—	– 1	4	8	6	– 3	6	3	– 1	22
广西	—	– 2	2	6	– 8	6	– 5	3	3	5
海南	—	6	3	– 11	11	– 3	5	2	2	15
重庆	—	– 1	– 5	– 9	8	5	– 2	– 1	3	– 2
四川	—	– 5	– 6	7	– 11	14	– 1	– 3	– 2	– 7
贵州	—	11	– 9	– 3	4	– 2	7	– 6	– 1	1
云南	—	5	– 7	– 10	– 8	5	– 2	15	– 18	– 20
陕西	—	1	– 2	– 2	– 6	– 9	– 5	1	16	– 6
甘肃	—	17	6	– 3	– 19	2	– 3	5	6	11
青海	—	– 21	– 1	6	– 4	– 2	4	– 2	8	– 12
宁夏	—	16	– 7	9	– 16	– 9	1	– 2	1	– 7
新疆	—	– 8	1	8	– 3	– 12	7	– 3	– 8	– 18

注：表中各年的数值代表各省份在相应年份的排名变化，该数值是根据各省份的排名
与相邻年份相比较得出；累计变化是用 2016 年的排名与 2000 年排名比较得出；数值为正表
示排名上升，数值为负表示排名下降。

────── 第四节　本章小结 ──────

经济增长质量分析是经济增长议题的重要研究部分，而如何度量经济增长的质量水平是经济增长质量问题由定性分析演进为定量分析的关键环节。本部分内容将主要围绕中国经济增长质量指数的测度及分析展开研究。借鉴钞小静和任保平（2011）、王薇和任保平（2015）的研究思路，本书从经济增长的结构、效率、稳定性和持续性四个维度来考察经济增长质量，即实现高质量的经济增长意味着借助于经济效率的提高，在经济结构均衡发展和经济平稳运行的同时实现经济社会的长期可持续发展。因此，本书从经济增长的结构、效率、稳定性和持续性四个维度来构建指标体系，以综合评价经济增长的质量水平。在测度方法上，首先，使用熵权法对各维度指数的每一基础指标进行客观赋权，利用主成分分析的降维技术简化各维度指数的指标体系，进而测算出经济增长质量的四个分维度指数；其次，再用同样的方法测算经济增长质量的综合指数，即使用熵权法对每一维度指数进行客观赋权，然后利用主成分分析法的降维技术将四个分维度指数进行合成，得到经济增长质量的综合指数。

基于总体层面的测度结果可以看出：第一，中国经济增长的结构维度指数呈现先下降后上升的"U"型变化趋势，即 2000～2005 年结构维度指数一直处于下降趋势，而 2006 年后开始逐渐上升，这说明在中国进行市场经济改革和经济结构转型的过程中，过去较不合理的需求结构、产业结构、金融结构、国际收支结构等逐步在朝着合理化的方向改善。第二，效率维度指数和持续性维度指数表现为显著的逐年递增趋势，增长率分别达到 41.5% 和 46.3%，这说明 2000～2016 年中国的要素生产率和能源利用率在逐步提升，中国在技术创新和制度创新方面也在不断进步，经济可持续发展的能力在稳步提高。第三，稳定性维度指数呈现出较明显的阶段性特征，即2000～2006年稳定性维度指数表现为上升趋势，而2007～2016年则无较大调整，一直维持在一个相对固定的水平，这反映出在此期间中国经济在产出、就业及通货膨胀等方面处于一个较为稳定的状态。第四，综合来看，中国经济增长质量的综合指数在2000～2016年呈现出明显的上升趋势，从2000年的1.515提高到2016年的2.426，年均增长2.99%。中国经济增长质量综合指数的变化趋势与效率维度指数和持续性维度指数的趋势是一致的，这也再次说明，2000～2006年中国经济增长质量的提高主要来源于经济增长效率维度和经济增长持续性维度的改善。

基于区域层面的测度结果可以看出，中国各省份之间在经济增长质量的分维度指数和综合指数上都表现出了较大的差异性，即中国经济增长的质量水平在区域上很不平衡，并且这种区域间的经济增长质量不平衡性同时也是动态调整的。具体来说：第一，中国区域间经济增长的结构发展水平极不平衡，两极分化情况非常显著。经济增长结构发展较好的地区普遍落入经济较为发达的地区，而中西部地区经济增长结构调整较为缓慢。第二，位于西部地区的陕西省和甘肃省的经济增长效率维度指数在当前最高，经济较为发达的东部地区经济增长的效率维度指数排名也较为靠前，而大多数中西部地区及东北地区经济增长的效率较低，尤其是青海省、宁夏回族自治区和新疆维吾尔自治区等地区。第三，经济增长稳定性较高的地区大多落入东北地区以及中西部地区；东部地区以及南部地区的经济增长速度虽然较快，但经济波动性较大，经济发展容易受到外部环境、内部波动等因素的影响而起伏波动；相对而言，东北地区和西部地区的稳定性较强。第四，各地区在经济增长持续性维度差距悬殊，并且呈现出明显的地域特征。东部地区经济增长持续性水平相对较高，尤其是北京市、天津市和上海市等地区，而中西部地区的经济增长持续性水平整体偏低。
第五，各地区经济增长质量综合指数的排名也表现出显著的区域特
征，即东部发达地区的经济增长质量水平最高，其次为中部地区，经
济增长质量水平最低的是西部地区。此外，当前中国各地区间经济增
长质量水平的差异主要来源于各地区在经济增长持续性水平和经济结
构水平上的不同。第六，在本书样本初期，一些中部地区省份的经济
增长质量水平相对较高，处于全国前列，但是东部发达地区的经济增
长质量提升速度较快，逐步达到全国领先水平，而中西部地区经济增
长质量的差距不断增大，排名逐渐落后。

第六章　环境规制影响中国经济增长质量的经验分析

在充分借鉴现有相关文献的基础上，本部分将结合第五章从经济增长的结构、效率、稳定性和持续性四个维度构建指标体系，并利用主成分分析法和熵权法测算出的中国经济增长质量分维度指数和综合指数，构建计量模型实证检验环境规制对中国经济增长质量的影响，以期为中国宏观经济政策和环境政策的制定提供经验参考。

——— 第一节　引言 ———

中国经济经过数十年的高速增长，经济实力和国际影响力大幅提升，整体经济规模已仅次于美国，位居世界第二。然而，在"经济增长奇迹"的背后，中国同时承受了巨大的资源与环境代价，资源与环境的承载压力已逼近临界值（何强，2014）。伴随中国经济进入"新常态"，过去依靠资源、环境、要素投入的规模扩张增长方式已难以为继，经济增长的动力转换与模式转变成为引领"新常态"和推动中国经济有质量、有效益、可持续发展的战略方向。一方面，国家从"十一五"规划到"十三五"规划不断提高对资源与环境的保护力度，并在《生态文明体制改革总体方案》中明确提出，实施环境保障措施，提高资源利用效率，改善环境质量。另一方面，"十三五"规划提出了更高质量、更有效率、更可持续的发展方向，切实提高经济增长的质量和效益。然而，环境规制政策的实施势必会在一定程度上对创新投入产生"挤出效应"，不利于创新驱动力的形成，进而可能抑制经济增长质量的提升。因此，厘清环境规制与经济增长质量之间的关系，对于中国制定适宜的环境规制政策、实现经济结构性调整和经济高质量增长具有重要的现实意义，也是当前转型时期学术界亟待研究的重要议题。

在理论研究上，有两方面的文献与本书较为相关。一方面是经济增长质量的测算方法。在现有文献中，经济增长质量的测算方法主要包括两大类。第一类是将全要素生产率（TFP）作为经济增长质量的替代指标。这类方法的优点在于便于定量测算的同时，也很好地反映了经济增长的效率、结构等因素。赵可等（2014）利用 DEA 方法测算出的全要素生产率增长指数来反映经济增长质量。然而，经济增长质量的内涵在广义上，除了经济增长的效率和稳定性，还包括经济增长方式的可持续性、增长结构的协调性和增长效益的和谐性（刘树成，2007）。基于此，一些学者提出了第二类经济增长质量测算方法，即多种指标综合评价法。较有代表性的文献是钞小静和任保平（2011）的研究，他们从经济增长的结构、稳定性、福利变化和成果分配、资源利用和生态环境代价四类相关指标，利用主成分分析法综合衡量经济增长质量。之后，刘燕妮等（2014）利用该方法测算了中国 1978～2010 年的经济增长质量指数，并实证检验了投资消费结构、金融结构、产业结构、区域经济结构及国际收支结构五大经济结构的失衡对经济增长质量的影响效应。王薇和任保平（2015）结合主成分分析和熵权法考察了中国改革开放以来经济增长质量的阶段性特征。此外，何强（2014）将第一类方法的效率测度思想和第二类方法的多元指标选取思路相结合，在要素禀赋、资源环境、经济结构等约束条件下构建随机边界异质面板模型测算经济增长效率，来衡量经济增长质量。程虹和李丹丹（2014）从微观产品质量的角度对宏观经济增长质量进行了理论解释，并利用省际数据进行了实证检验。

另一方面是环境规制对经济增长的影响。国内外大量文献研究了环境规制与经济增长的关系，得出了两种结论相反的观点。第一种观点，即"遵循成本说"，认为在环境规制政策下，企业必然要承担相应的污染治理费用，进而增加生产成本（Jafeetal，1997），不利于企业生产率的提高（Chintrakam，2008），因此，从宏观上看，环境规制会抑制经济增长（Jorgenson & Wilcoxen，1990）。第二种观点，即"创新补偿说"，认为从动态上看，适宜的环境规制政策可以倒逼企业进行技术创新，提高生产率（Porter & Linde，1995），进而不仅可以补偿企业的治污成本（Brunnermeier & Cohen，2003），还能提升企业的盈利能力（Mazzanti & Zoboli，2009），因此，环境规制可以促进经济增长。国内学者基于中国的环境规制政策对以上两种观点进行了实证研究。赵霄伟（2014）利用地级市工业面板数据研究发现，增强环境规制强度会在一定程度上抑制经济增长的速度。张成等（2011）、吴明琴等（2016）的研究结论支持了"创新补偿说"，他们认为长期的环境规制政策有利于促进技术进步和经济增长，即实现生态环境与经济效益的"双赢"效果。还有一些学者发现，环境规制对经济增长的影响是非线性的，即存在"门槛"效应。熊艳（2011）基于省际面板数据的研究结论显示，环境规制与经济增长之间存在"U"型关系。王洪庆（2016）从人力资本的视角研究了环境规制对经济增长的影响，发现环境规制对经济增长的作用方向并非线性，而是存在显著的"门槛"效应。原毅军和刘柳（2013）从环境规制异质性的角度分析了其对经济增长的差异性影响。他们将环境规制政策分为费用型和投资型进行实证研究，发现只有投资型环境规制政策对经济增长有显著的正向影响，而费用型的影响并不显著。

从以上文献可以看出，现有研究对环境规制与经济增长之间的关系进行了多方面的探讨，虽然得出的结论不尽一致，但主要围绕经济增长的规模或速度开展研究，较少涉及经济增长的质量维度。然而，一个国家或地区的经济目标，不仅包括经济增长的规模或速度，更应该关注经济增长的质量。谢靖和廖涵（2017）从微观视角分析了环境规制对出口产品质量的影响；孙英杰和林春（2018）考察了环境规制对中国经济增长质量的提升作用，但其以全要素生产率作为经济增长质量的代理变量，可能忽略了经济增长质量中的其他因素。本部分将在现有文献的基础上，结合第四章从经济增长的结构、效率、稳定性和持续性四个维度构建指标体系，并利用主成分分析法和熵权法测算出的中国经济增长质量分维度指数和综合指数，构建计量模型，实证检验环境规制对经济增长质量的影响，以期为中国宏观经济政策和环境政策的制定提供经验参考。

第二节　模型、变量与数据

一、计量模型设定

为检验环境规制对中国经济增长质量的影响，基于以上理论分析的基本思路，在充分借鉴现有相关研究的基础上，我们将基本计量模型设定如下：

$$Quality_{it} = \beta_0 + \beta_1 ER_{it} + \psi X + \delta_i + \varepsilon_{it} \qquad (6-1)$$

其中，*Quality* 和 *ER* 分别表示经济增长质量水平和环境规制强度；*X* 代表一系列控制变量；下标 *i* 和 *t* 分别代表省份和年份；δ 和 ε 分别表示地区固定效应和随机误差项。

然而，从第四章的分析可以看出，中国经济增长质量一直处于渐进调整的过程中，我们在计量模型（6-1）中引入被解释变量 *Quality*

的一阶滞后项，以反映经济增长质量的动态变化。因此，以上计量模型将调整为一个动态面板模型：

$$Quality_{it} = \beta_0 + \beta_1 Quality_{i,t-1} + \beta_2 ER_{it} + \psi X + \delta_i + \varepsilon_{it} \qquad (6-2)$$

此外，考虑到环境规制强度在不同类型的行业中具有较大的差异性，我们将进一步在行业层面检验环境规制对中国经济增长质量的影响，以考察环境规制强度的行业异质性对经济增长质量的不同影响，设定模型如下：

$$Quality_t = \beta_0 + \beta_1 Quality_{j,t-1} + \beta_2 ER_{jt} + \psi X + \eta_j + \varepsilon_{jt} \qquad (6-3)$$

其中，下标 j 代表行业；η 表示行业固定效应，其余说明同上。

在控制变量的选取上，为尽可能控制其他因素对经济增长质量的影响，我们在模型中引入资本密集度、人力资本、企业规模、自主研发、技术引进及外资等控制变量。

二、变量与数据说明

第一，被解释变量。被解释变量为中国经济增长质量（$Quality$），我们用第四章测算的经济增长质量综合指数和分维度指数来衡量。

第二，核心解释变量。核心解释变量为环境规制（ER）。在现有文献中，环境规制（ER）的衡量指标尚不统一，使用较多的主要有两类指标。一类是使用污染排放强度来衡量环境规制，即通过对不同污染物的单位产值排放量进行标准化和加权处理，构建一地区或行业的污染排放强度指标，由于污染排放强度与环境规制之间正相关，因此污染排放强度越大说明环境规制政策越严格（蒋伏心等，2013）。另一类是使用单位产值的污染治理费用来反映环境规制强度，一地区或行业单位产值的污染治理费越高，该地区或行业的环境规制强度越大（李小平等，2012；谢靖和廖涵，2017）。实际上，第一类指标主要反映的是一个地区或行业的污染强度；第二类指标反映了一个地区或行业的污染治理和控制支出，可以更直接地衡量环境规制政策的严格程度。基于此，我们借鉴李小平等（2012）、谢靖和廖涵（2017）的方法，用工业废水和废气治理设施的运行费用与该地区或行业的工业增加值的比值衡量环境规制强度。

各地区或行业的工业增加值数据来自《中国工业经济统计年鉴》，工业废水和废气治理设施的运行费用数据来自《中国环境统计年鉴》。由于部分年份工业增加值数据缺失，各地区或行业 2004 年的工业增加值用相邻两年的工业增加值占该地区或行业总产值的平均比重乘以该地区或行业 2004 年总产值来估算；各地区或行业 2008 年以后的工业增加值根据国家统计局公布的各地区或行业增加值增长率推算而来；鉴于《中国环境统计年鉴》在 2001 年前后的统计口径不一致，我们假定农副食品加工、食品制造业、饮料制造业和烟草制造业四个行业在 2000 年的环境规制强度相同；普通机械制造业、专用设备制造业、交通运输设备制造业、电气机械及器材制造业、电子及通信设备制造业、仪器仪表及文化办公用机械制造业六个行业在 2000 年的环境规制相同；服装及其他纤维制品制造业、木材加工及竹藤棕草制品业、家具制造业、文教体育用品制造业四个行业在 2000 年的环境规制强度与 2001 年相同。

第三，控制变量。资本密集度是影响经济增长的重要因素之一，用各地区或行业的固定资产净值年平均余额与该地区或行业的职工人数的比值衡量，记为 K。人力资本水平是提高生产率和促进经济增长的重要因素，我们用各地区或行业的科技活动人员数占该地区或行业职工总人数的比重衡量，记为 HC。一个地区或行业的企业规模可以通过规模经济、范围经济来影响经济增长质量，我们用各地区或行业的工业总产值与该地区或行业的企业个数的比值衡量，记为 S。研发投入也是影响经济增长质量的重要因素，本书采用支燕和白雪洁（2012）的做法，从自主研发和技术引进两个方面考察研发投入对经济增长质量的影响，分别用各地区或行业的科技活动经费内部支出和引进技术经费支出占该地区或行业工业总产值的比重衡量，并分别记为 *RD* 和 *TI*。外资对经济增长的效率、结构等各个方面都有着积极作用，我们采用各地区或行业的"三资企业"工业总产值占比来衡量，记为 *FDI*。以上控制变量的原始数据主要来源于《中国工业经济统计年鉴》和《中国科技统计年鉴》。

在地区样本的选择上，由于西藏自治区的数据缺失较多，港澳台地区的数据口径不一致，我们最终选取 30 个省份作为地区样本。在行业样本的选择上，鉴于部分统计年鉴的统计口径在本书样本期间（2000～2016 年）并不一致，我们在《国民经济行业分类》（2002）的基础上，将农副食品加工业和食品制造业合并为食品加工和制造业，并剔除工艺品及其他制造业、废弃资源和废旧材料回收加工业两个统计数据不全的行业，最终在行业层面上得到 27 个制造业细分行业。同时，为与前文保持一致，仍以 1978 年为基期对样本数据进行物价平减处理。此外，我们对所有变量进行取对数处理，以使数据更为平滑。以上各变量的说明及主要统计指标（地区层面样本）见表 6 - 1。

表 6 - 1 　　　　　　　　　　　主要变量的描述性统计

变量	说明	样本量	均值	标准差
Quality	经济增长质量的综合指数	510	0.620	0.107
	经济增长质量的结构维度指数	510	0.452	0.136
	经济增长质量的效率维度指数	510	0.032	0.137
	经济增长质量的稳定性维度指数	510	0.616	0.049
	经济增长质量的持续性维度指数	510	0.474	0.145
ER	环境规制强度	510	−5.575	1.322
K	资本密集度	510	2.142	0.712
HC	人力资本水平	510	−3.461	0.786
S	企业规模	510	−0.267	0.922
RD	自主研发	510	−4.984	0.806

变量	说明	样本量	均值	标准差
TI	技术引进	510	− 6. 766	1. 568
FDI	"三资企业"占比	510	− 1. 357	1. 024

注：以上统计指标是根据地区层面的样本计算得到。

第三节　计量结果分析

一、全国层面的估计

（一）环境规制对经济增长质量综合指数的估计结果

为考察计量模型中是否存在严重的多重共线性问题，我们采用逐步回归的方法进行估计。同时，使用系统 GMM 方法进行动态面板回归，以缓解模型中的内生性问题，并根据 Sargan 检验以及 AR（1）、AR（2）检验来识别工具变量的有效性和估计结果的可靠性。环境规制对中国经济增长质量综合指数的估计结果见表6 – 2。根据 Sargan 检验、AR（1）和 AR（2）检验结果，各逐步回归模型均无法拒绝"过度识别约束是有效的"的原假设，且均不存在二阶自相关问题，说明表6 – 2 中各模型的估计结果是可靠的。此外，在表6 – 2 中被解释变量 Quality 的一阶滞后项均显著为正，说明本书设定的动态面板模型是合理的。

表6 – 2　　　环境规制对经济增长质量综合指数的估计结果

变量	模型（1）	模型（2）	模型（3）	模型（4）	模型（5）	模型（6）
L. Quality	0. 9075 ***	0. 9072 ***	0. 8206 ***	0. 8232 ***	0. 7916 ***	0. 7976 ***
	(125. 644)	(140. 359)	(44. 041)	(44. 851)	(32. 412)	(22. 799)
ER	0. 0501 *	0. 0460 *	0. 0504 ***	0. 0426 ***	0. 0438 **	0. 0409 ***
	(1. 875)	(1. 808)	(2. 904)	(3. 050)	(2. 334)	(3. 626)
K			− 0. 0421 ***	− 0. 0258 **	− 0. 0272 **	− 0. 0301 *
			(− 4. 004)	(− 2. 114)	(− 2. 142)	(− 1. 898)

续表

变量	模型（1）	模型（2）	模型（3）	模型（4）	模型（5）	模型（6）
HC			0.0446 ***	0.0424 ***	0.0311 ***	0.0299 ***
			(6.848)	(6.790)	(6.038)	(6.005)
S				0.0098	0.0095	0.0076
				(1.257)	(1.351)	(0.816)
RD					0.0194 ***	0.0173 ***
					(3.368)	(3.074)
TI					0.0086 *	0.0080 *
					(1.934)	(1.695)
FDI						0.0025 ***
						(3.284)
常数项	0.0980 ***	0.0323	- 0.1168 **	- 0.0780 *	- 0.0865 **	- 0.0803 *
	(3.227)	(0.906)	(- 2.284)	(- 1.676)	(- 2.085)	(- 1.830)
地区固定效应	否	控制	控制	控制	控制	控制
年份固定效应	否	控制	控制	控制	控制	控制
Sargan	147.824	133.094	137.832	144.328	152.039	129.385
	[0.535]	[0.836]	[0.753]	[0.615]	[0.438]	[0.887]
AR（1）	- 1.892	- 1.743	- 2.031	- 2.190	- 1.940	- 2.352
	[0.058]	[0.081]	[0.042]	[0.028]	[0.052]	[0.019]
AR（2）	- 1.120	- 1.007	- 0.833	- 0.927	- 1.018	- 0.939
	[0.262]	[0.314]	[0.405]	[0.354]	[0.309]	[0.348]

注：圆括号内是采用聚类稳健标准差得到的 t 值或 z 值；Sargan、AR（1）和 AR（2）检验的第二行数值为相应统计量的伴随概率；*** 、** 和 * 分别表示1%、5%和10%的显著性水平。

表6-2第（1）列为不包含任何控制变量和个体固定效应的系统 GMM 估计结果。结果显示，变量 ER 的回归系数在10%的水平上显著为正，为0.0501，说明环境规制强度每增强1%，将会促进中国经济增长质量综合指数提高0.0501%。考虑到各省份的地区差异以及时间趋势的影响，我们从第（2）列开始控制地区固定效应和年份固定效应。相比于第（1）列的估计结果，在控制地区固定效应和年份固定效应后，变量 ER 的方向及显著性均未发生实质性改变。从第（3）列至第（6）列，我们逐步引入资本密集度、人力资本水平、企业规模、自主研发、技术引进、外资等其他控制变量，估计结果显示，变量 ER 的估计系数依然显著为正，且估计系数的波动幅度较小，一直

保持在 0.04～0.06 区间。这一方面反映出各列回归模型中并未受到多重共线性的严重影响，回归结果较为可靠；另一方面也说明加大环境规制强度对提升中国经济增长质量的促进作用具有一定的稳定性，环境规制政策有助于实现环境保护和经济增长的双赢局面。

此外，从其他控制变量来看，变量 K 的估计系数显著为负，说明资本密集度的提高并不利于经济增长质量的提升。这可能是因为，虽然固定资产投入是经济增长的重要因素，但当经济总量达到一定水平后，粗放的固定资产投入对经济增长的边际贡献将逐渐弱化；同时，对固定资产投入的过度依赖会加重经济增长过程中的资源滥用和环境问题，降低经济增长的质量（郝颖等，2014）。变量 HC 的估计系数均在 1% 的水平上显著为正，这表明作为技术进步基本依托的人力资本要素是提高经济增长质量的重要因素之一。变量 S 的估计系数为正但不显著，反映出企业规模的大小并未对经济增长质量产生明显影响。变量 RD 和变量 TI 的估计系数均显著为正，说明两种研发投入方式（自主研发和技术引进）都有助于提高经济增长质量。一方面，加强自主研发投入有助于提高产出的附加值和资源的利用率，进而提高经济效率和经济增长质量；另一方面，引进发达国家的先进技术可以直接在一定程度上改善本国技术水平落后的现状，促进本国经济向着高质量方向发展（白俊红和王林东，2016）。但相对来说，变量 RD 的系数较大，这意味着自主研发的促进作用更为明显，即相对技术引进来说，中国经济增长质量的提升更多的是依靠自主研发投入的提高。变量 FDI 的估计系数显著为正，与预期相符，说明外资作为资本、先进技术和管理经验的载体，不仅可以促进中国经济规模的扩张（郭熙保和罗知，2009），还可以有效提高中国经济增长的质量水平，这与随洪光和刘延华（2014）的研究结论相一致。

（二）环境规制对经济增长质量分维度指数的估计结果

为进一步解析环境规制对中国经济增长质量的影响，我们分别以经济增长质量的结构维度指数、效率维度指数、稳定性维度指数和持续性维度指数为被解释变量进行系统 GMM 估计，估计结果列于表 6 – 3。

表 6 – 3 环境规制对经济增长质量分维度指数的估计结果

变量	模型（1）结构维度指数	模型（2）效率维度指数	模型（3）稳定性维度指数	模型（4）持续性维度指数
L. Quality	1.0272 *** (168.702)	0.9154 *** (29.177)	0.9234 *** (26.434)	1.0540 *** (47.347)
ER	0.0054 (1.176)	0.0583 ** (2.290)	– 0.0125 （– 0.722）	0.0248 *** (2.906)
K	0.0077 (0.928)	– 0.0192 *** （– 3.965）	– 0.0293 （– 1.028）	– 0.0217 *** （– 2.858）
HC	0.0006 * (1.772)	0.0526 *** (2.918)	0.0053 (1.213)	0.0092 *** (4.252)
S	0.0042 (1.180)	0.0586 (1.142)	0.0001 (0.012)	0.0064 *** (3.092)
RD	0.0063 *** (6.281)	0.0694 *** (5.645)	0.0141 *** (2.953)	0.0234 *** (7.974)
TI	0.0040 *** (8.384)	0.0460 *** (8.364)	0.0087 *** (3.504)	0.0045 * (1.928)
FDI	0.0005 ** (2.557)	0.0345 *** (3.936)	0.0109 (1.396)	0.0014 ** (2.299)
常数项	– 0.0191 * （– 1.938）	– 0.0194 （– 0.119）	0.5837 *** (9.467)	– 0.2486 *** （– 6.024）
地区固定效应	控制	控制	控制	控制
年份固定效应	控制	控制	控制	控制
Sargan	153.492 [0.406]	143.476 [0.634]	138.843 [0.733]	149.247 [0.502]
AR（1）	– 1.839 [0.066]	– 2.018 [0.044]	– 1.932 [0.053]	– 1.687 [0.092]
AR（2）	– 1.024 [0.306]	– 1.326 [0.185]	– 1.199 [0.231]	– 1.538 [0.124]

注：圆括号内是采用聚类稳健标准差得到的 t 值或 z 值；Sargan、AR（1）和 AR（2）检验的第二行数值为相应统计量的伴随概率；*** 、** 和 * 分别表示 1%、5% 和 10% 的显著性水平。

表 6 – 3 第（1）列为环境规制对经济增长质量结构维度指数的估计结果。结果显示，变量 ER 的回归系数为正，但不显著，这说明环境规制对中国经济增长质量的结构维度并无明显影响。从经济增长质量结构维度指数的构成来看，其主要包括需求结构、产业结构、城乡

二元结构、金融结构、收入分配及国际收支六个方面，虽然环境规制政策已被检验可以影响到产业结构升级（程晨和李贺，2018）以及生态保护者和环境受益者间的收入分配格局（范庆泉，2018），但是在总体上对经济增长结构的影响不大。表 6 - 3 第（2）列为环境规制对经济增长质量效率维度指数的估计结果。结果显示，变量 *ER* 的估计系数显著为正，这说明加强环境规制强度可以在一定程度上促进经济增长质量效率维度的改善。其可能的原因在于，经济增长的效率维度主要体现在要素生产率和能源利用率这两个方面，现有研究结论显示环境规制对要素生产率和能源利用率均存在着正向的积极影响（宋德勇和赵菲菲，2018；陶长琪等，2018）。表 6 - 3 第（3）列为环境规制对经济增长质量稳定性维度指数的估计结果。结果显示，变量 *ER* 的估计系数为负，但不显著，说明环境规制政策并未对经济增长过程中的产出波动、就业波动和价格波动等方面产生显著的有效作用。表 6 - 3 第（4）列为环境规制对经济增长质量持续性维度指数的估计结果。结果显示，变量 *ER* 的估计系数在 1% 的水平上显著为正，这说明加强环境规制强度也可以在一定程度上促进经济增长质量持续性维度的改善。这是因为环境规制政策能够对经济增长产生一种"创造性破坏"作用，进而促使或逼迫生产部门打破原有的经济增长模式而创立新的经济增长模式（吴静，2018）。此外，基于"波特假说"的环境规制的创新补偿效应也能促进经济增长可持续能力的提升（沈能和刘凤朝，2012）。以上分维度指数的回归结果反映出，环境规制对中国经济增长质量的影响主要体现在经济增长效率和经济增长可持续性这两个维度，而对于经济增长的结构维度和稳定性维度的影响并不明显。

此外，其他控制变量对经济增长质量分维度指数的影响也不一致。资本密集度的提高主要对经济增长的效率维度和持续性维度产生了抑制作用；人力资本水平的提高显著促进了经济增长质量的结构维度、效率维度和持续性维度的改善；企业规模的扩大仅有利于提高经济增长的持续性能力；自主研发和技术引进对经济增长质量的四个分维度指数均产生了正向影响；外资参与显著提高了经济增长在结构维度、效率维度和持续性维度的质量水平。

二、地区层面的估计

由于中国各地区的经济发展水平不同，各地区政府制定的环境规制政策的强度也存在一定差异。东部地区经济起飞较早，经济发展水平较高，在法律体系、环保政策上较为完备，相应的环境规制强度也较大；中西部地区的经济水平相对落后，存在大量以牺牲生态环境为代价的粗放式生产的低端产业和低端企业，相应地，该地区环境规制政策的出台时间相对较晚，环境规制政策的执行力度也较弱。另外，根据第四章的区域经济增长质量测度结果，中国各省份之间在经济增长质量的分维度指数和综合指数上都表现出了较大的差异性，即中国经济增长质量水平在区域上很不平衡。因此，环境规制对中国经济增长质量的影响可能会呈现出较明显的区域异质性。基于此，我们将地区样本（30个省份）分为三大区域，即东部、中部和西部地区[①]，以考察环境规制对不同地区经济增长质量的差异性影响。表6-4报告了环境规制对不同地区经济增长质量综合指数的估计结果。

表6-4　环境规制对不同地区经济增长质量综合指数的估计结果

变量	模型（1）	模型（2）	模型（3）	模型（4）	模型（5）	模型（6）
L. *Quality*	0.9392 *** (82.652)	0.9435 *** (94.623)	0.9037 *** (64.840)	0.9071 *** (73.582)	0.8302 *** (53.572)	0.8590 *** (41.832)

---

① 依据大多文献的惯常分类方法，本书将辽宁省、河北省、北京市、天津市、上海市、江苏省、浙江省、福建省、山东省、广东省及海南省等省市划分为东部地区，将山西省、河南省、安徽省、湖北省、湖南省、黑龙江省、吉林省及江西省等划分为中部地区，将陕西省、甘肃省、宁夏回族自治区、青海省、内蒙古自治区、新疆维吾尔自治区、四川省、重庆市、云南省、贵州省及广西壮族自治区等划分为西部地区。

续表

变量	模型（1）	模型（2）	模型（3）	模型（4）	模型（5）	模型（6）
ER	0.0243	0.0104	0.1003 ***	0.0877 ***	0.0337 **	0.0301 ***
	(0.825)	(0.746)	(3.004)	(2.996)	(2.462)	(3.342)
K		−0.0482		−0.0825 **		−0.0649 **
		(−0.898)		(−2.398)		(−2.606)
HC		0.0352 ***		0.0527 ***		0.0843 **
		(3.042)		(2.975)		(2.203)
S		0.0132		−0.0053		0.0095
		(0.954)		(−0.532)		(1.017)
RD		0.0245 **		0.0194 ***		0.0042 ***
		(2.274)		(3.130)		(2.976)
TI		0.0131 **		0.0187 *		0.0094 *
		(2.595)		(1.791)		(1.885)
FDI		0.0096 ***		0.0041 ***		0.0011 ***
		(3.214)		(3.513)		(3.627)
常数项	−0.2422 ***	−0.6253 ***	0.7532	0.5792 *	−0.9421 **	−0.4248 **
	(−3.532)	(−3.674)	(1.084)	(1.736)	(−2.284)	(−2.535)
地区固定效应	否	控制	否	控制	否	控制
年份固定效应	否	控制	否	控制	否	控制
Sargan	153.232	164.436	149.429	156.835	113.364	102.834
	[0.411]	[0.199]	[0.498]	[0.335]	[0.170]	[0.458]
AR（1）	−2.065	−1.944	−2.104	−2.178	−2.307	−2.438
	[0.039]	[0.052]	[0.035]	[0.029]	[0.021]	[0.015]
AR（2）	−1.440	−1.348	−1.206	−1.283	−1.357	−1.293
	[0.150]	[0.178]	[0.228]	[0.200]	[0.175]	[0.196]
样本类型	东部地区		中部地区		西部地区	

注：圆括号内是采用聚类稳健标准差得到的 t 值或 z 值；Sargan、AR（1）和 AR（2）检验的第二行数值为相应统计量的伴随概率；*** 、** 和 * 分别表示1%、5%和10%的显著性水平。

表6-4第（1）列和第（2）列为东部地区的估计结果。结果显示，不管是否加入地区固定效应和年份固定效应以及控制变量，变量 ER 的估计系数虽都为正向，但不显著，这说明提高环境规制强度对东部地区的经济增长质量并未有明显的促进作用。表6-4第（3）列和第（4）列为中部地区的估计结果。从该估计结果可以看出，变量 ER 的估计系数均在1%的水平上显著为正，说明环境规制有利于中部地区经济增长质量的提升。表6-4第（5）列和第（6）列为西部地

区的估计结果。结果显示，变量 *ER* 的估计系数也均显著为正，说明环境规制政策的实施也能显著促进西部地区经济增长质量的提升。但相较而言，环境规制对中部地区经济增长质量的促进作用（变量 *ER* 的估计系数为 0.0877）大于对西部地区经济增长质量的促进作用（变量 *ER* 的估计系数为 0.0301）。

对比以上估计结果可以看出，环境规制对不同地区经济增长质量的影响存在明显的区域异质性，即对中部地区的促进作用最为显著，其次为西部地区，而对东部地区无明显促进作用。这可能是因为，东部地区经济起飞较早，与环境保护相关的法律体系、政策措施等较为健全，而随着环境规制强度的逐渐提高，高端企业的技术创新补偿和绿色技术研发成本之间的比较逐渐成为环境规制影响经济增长质量的关键因素；中部地区作为工业生产的核心区域，存在大量高投入、高排放、高污染的低端生产企业，实施适当的环境规制政策恰好能倒逼这些低端生产企业开展绿色技术创新活动，促进该地区要素生产率和经济增长持续性能力的提升，进而有助于提高该地区的经济增长质量；西部地区经济起步较晚，经济基础也较为薄弱，但随着国家"西部大开发"战略的逐步实施，不断为西部地区提供政策优势，政策红利逐渐释放，实施与该地区经济发展相适宜的环境规制政策能发挥创新补偿效应，激励该地区企业加大技术创新力度，促进西部地区经济增长质量的提升（王群勇和陆凤芝，2018）。

三、分行业类型估计

考虑到环境规制强度在不同类型的行业中具有较大的差异性，我们将进一步在行业层面检验环境规制对中国经济增长质量的影响，以考察环境规制强度的行业异质性对经济增长质量的不同影响。借鉴谢靖和廖涵（2017）的方法，我们将 27 个制造业细分行业归为两类，包括轻度污染行业（13 个）和重度污染行业（14 个），进行分样本估计，估计结果列于表 6 – 5。

表 6 – 5　　　　环境规制对经济增长质量的分行业估计结果

变量	模型（1）经济增长质量综合指数	模型（2）结构维度指数	模型（3）效率维度指数	模型（4）稳定性维度指数	模型（5）持续性维度指数
Panel A（轻度污染行业）					
L. Quality	0.8041 *** (27.927)	1.0390 *** (162.506)	0.8224 *** (16.645)	0.3080 *** (21.787)	1.0421 *** (61.748)
ER	– 0.0309 (– 1.037)	– 0.0039 (– 0.343)	0.1388 (1.006)	– 0.0137 (– 0.856)	0.0978 * (1.892)
K	– 0.0482 (– 1.098)	– 0.1722 (– 0.592)	– 0.0873 (– 0.284)	– 0.2942 (– 0.943)	– 0.1854 (– 0.556)
HC	0.0428 ** (2.305)	0.0101 * (1.832)	0.0028 *** (3.018)	0.0143 * (1.815)	0.0637 *** (3.254)
S	0.0132 (0.513)	0.0086 (1.320)	0.0634 (1.082)	0.0035 (0.114)	0.0027 (1.095)
RD	0.0247 ** (2.674)	0.0133 * (1.881)	0.0098 *** (3.045)	0.0326 ** (2.353)	0.0653 * (1.974)
TI	0.0076 ** (2.493)	0.0009 * (1.982)	0.0135 ** (2.344)	0.0047 *** (3.437)	0.0105 ** (2.329)
FDI	0.0102 ** (2.482)	0.0015 ** (2.546)	0.0073 * (1.938)	0.0029 * (1.890)	0.0063 * (1.799)
常数项	0.4822 (1.236)	0.5984 ** (2.338)	– 0.3850 (– 0.742)	– 0.4938 *** (– 4.082)	0.8424 * (1.924)
行业固定效应	控制	控制	控制	控制	控制
年份固定效应	控制	控制	控制	控制	控制
Sargan	103.364 [0.389]	112.392 [0.206]	92.834 [0.731]	120.236 [0.118]	99.357 [0.610]
AR（1）	– 2.472 [0.013]	– 1.829 [0.067]	– 1.971 [0.049]	– 1.739 [0.082]	– 2.005 [0.045]
AR（2）	– 1.569 [0.117]	– 1.009 [0.313]	– 0.906 [0.365]	– 0.750 [0.453]	– 0.835 [0.404]
Panel B（重度污染行业）					
L. Quality	0.8313 *** (40.077)	1.0340 *** (236.018)	0.8853 *** (20.602)	0.3380 *** (20.891)	1.0694 *** (62.159)
ER	0.0092 *** (3.784)	0.0078 (1.052)	0.0224 ** (2.261)	– 0.0166 (– 1.008)	0.0134 *** (3.267)
K	– 0.0642 * (– 1.905)	– 0.0063 (– 0.426)	– 0.0154 ** (– 2.289)	– 0.0473 (– 1.205)	– 0.0136 * (– 1.893)

续表

变量	模型（1）经济增长质量综合指数	模型（2）结构维度指数	模型（3）效率维度指数	模型（4）稳定性维度指数	模型（5）持续性维度指数
HC	0.0464 *** (3.012)	0.0185 * (1.842)	0.0732 *** (3.014)	0.0153 * (1.819)	0.0074 ** (2.356)
S	0.0053 (0.385)	0.0015 (1.482)	0.0073 (0.498)	0.0029 (0.573)	0.0107 * (1.890)
RD	0.0843 ** (3.102)	0.0496 ** (2.301)	0.0046 * (1.847)	0.0720 *** (3.059)	0.0372 * (1.902)
TI	0.0112 ** (2.405)	0.0079 * (1.804)	0.0064 *** (3.367)	0.0013 * (1.874)	0.0077 ** (2.320)
FDI	0.0257 ** (2.259)	0.0033 * (1.850)	0.0105 *** (3.533)	0.0084 ** (2.311)	0.0114 ** (2.279)
常数项	0.0803 ** (2.330)	0.0191 (0.938)	−0.0194 (−0.682)	−0.5837 * (−1.860)	0.2486 ** (2.224)
行业固定效应	控制	控制	控制	控制	控制
年份固定效应	控制	控制	控制	控制	控制
Sargan	118.853 [0.168]	102.497 [0.578]	116.042 [0.259]	111.612 [0.387]	109.833 [0.460]
AR（1）	−1.647 [0.099]	−1.776 [0.076]	−1.907 [0.057]	−2.227 [0.026]	−1.806 [0.071]
AR（2）	−0.826 [0.409]	−0.762 [0.446]	−1.491 [0.136]	−1.636 [0.102]	−1.566 [0.117]

注：圆括号内是采用聚类稳健标准差得到的 t 值或 z 值；Sargan、AR（1）和 AR（2）检验的第二行数值为相应统计量的伴随概率；*** 、 ** 和 * 分别表示1%、5%和10%的显著性水平。

在表6-5中，第（1）列为对经济增长质量综合指数的回归结果。结果显示，在轻度污染行业（Panel A）的估计结果中，变量 ER 的估计系数为负，但不显著，说明轻度污染行业的环境规制政策不利于经济增长质量的提升，但是这种作用并不明显；在重度污染行业（Panel B）的估计结果中，变量 ER 的估计系数在1%的水平上显著为正，说明重度污染行业的环境规制政策明显有利于经济增长质量的提升。表6-5第（2）列至第（5）列分别是对经济增长质量的结构维度指数、效率维度指数、稳定性维度指数及持续性维度指数的估计结果。结果显示，在轻度污染行业（Panel A）的估计结果中，变量 ER

的估计系数仅在第（5）列通过了显著性检验，即轻度污染行业的环境规制政策仅对经济增长质量的持续性维度产生显著影响；在重度污染行业（Panel B）的估计结果中，变量 *ER* 的估计系数在第（3）列和第（5）列均显著为正，说明重度污染行业的环境规制政策对经济增长质量的效率维度和持续性维度均能产生显著的积极作用。

以上分析反映出，由于不同类型行业的环境规制强度不同，环境规制对经济增长质量的影响呈现出明显的行业异质性，即重度污染行业的环境规制政策对经济增长质量的影响比轻度污染行业更为显著。其他变量的估计结果可参照上文分析，这里不再赘述。

第四节　稳健性检验

为保证以上基本回归结果的可靠性，我们分别从三个方面进行稳健性检验：一是改变估计方法，用核心解释变量的滞后项作为工具变量进行 2SLS（两阶段最小二乘）估计，以控制计量模型中可能存在的内生性；二是改变估计样本，将本书的样本期间分为两个阶段，分别进行估计，考察估计结果是否发生实质性改变；三是改变衡量指标，使用不同的指标来衡量核心解释变量环境规制，以检验以上基本估计结果的稳健性。①

一、基于工具变量的稳健性检验

以上基本回归模型中考虑了地区层面的特征因素以及时间趋势的影响，能够在一定程度上控制遗漏变量对回归结果的干扰。但是，被

---

① 这里主要是对全国层面的估计结果进行稳健性检验，分地区和分行业估计结果的稳健性检验可以参照分析。

解释变量与核心解释变量之间的反向因果关系仍可能会产生内生性问题。尽管以上基本回归中使用了系统 GMM 估计方法来控制内生性，但系统 GMM 估计主要是用来解决动态面板模型中的滞后被解释变量的内生性问题，而并未考虑解释变量的内生性。因此，为控制这种内生性，我们参照一般做法，用核心解释变量 ER 的滞后项作为工具变量，进行 2SLS 估计。首先用核心解释变量 ER 对工具变量及其他解释变量进行第一阶段回归，得到拟合值；再将以上拟合值代入计量模型中进行第二阶段回归，得到估计结果。第二阶段估计结果见表 6－6。

表 6－6　　　　　　　基于工具变量的稳健性检验结果

变量	模型（1）经济增长质量综合指数	模型（2）结构维度指数	模型（3）效率维度指数	模型（4）稳定性维度指数	模型（5）持续性维度指数
L. Quality	0. 9264 *** (82. 637)	1. 0003 *** (85. 58)	0. 9027 *** (73. 536)	0. 6493 *** (42. 846)	1. 0702 *** (91. 842)
ER	0. 0139 ** (2. 385)	0. 0429 (0. 948)	0. 0237 *** (3. 373)	－ 0. 0068 (－ 0. 391)	0. 0125 ** (2. 488)
K	－ 0. 0942 * (－ 1. 840)	－ 0. 0873 ** (－ 2. 692)	－ 0. 1738 * (－ 1. 884)	－ 0. 0488 (－ 1. 131)	－ 0. 0325 * (－ 1. 779)
HC	0. 0831 ** (2. 135)	0. 0380 ** (2. 332)	0. 0486 *** (3. 530)	0. 0204 * (1. 776)	0. 0256 ** (2. 204)
S	0. 0730 (0. 932)	0. 0046 * (1. 825)	0. 0138 (0. 582)	0. 0281 (0. 749)	0. 0482 (0. 490)
RD	0. 0372 * (1. 804)	0. 0685 * (1. 780)	0. 0184 ** (2. 445)	0. 0721 ** (2. 159)	0. 0578 * (1. 804)
TI	0. 0042 *** (3. 463)	0. 0018 * (1. 772)	0. 0086 *** (2. 140)	0. 0073 * (1. 833)	0. 0034 * (1. 720)
FDI	0. 0036 *** (4. 081)	0. 0044 * (1. 744)	0. 0092 ** (2. 137)	0. 0023 * (1. 808)	0. 0133 ** (2. 198)
常数项	－ 1. 5335 * (－ 1. 830)	0. 8349 ** (2. 012)	1. 5383 * (1. 799)	1. 7870 (0. 288)	0. 4822 ** (2. 429)
地区固定效应	控制	控制	控制	控制	控制
年份固定效应	控制	控制	控制	控制	控制
Kleibergen-Paap rk LM	45. 432 ***	46. 586 ***	51. 665 ***	48. 403 ***	39. 386 ***

变量	模型（1）经济增长质量综合指数	模型（2）结构维度指数	模型（3）效率维度指数	模型（4）稳定性维度指数	模型（5）持续性维度指数
Kleibergen-Paap Wald rk F	289.470 ***	293.654 ***	274.758 ***	280.402 ***	294.924 ***
Minimum eigenvalue	7362	4735	5837	6837	7396
Shea's 偏 R^2	0.483	0.556	0.817	0.428	0.780
R^2	0.482	0.573	0.402	0.388	0.533

注：圆括号内是采用聚类稳健标准差得到的 t 值或 z 值；*** 、** 和 * 分别表示 1%、5% 和 10% 的显著性水平。

在分析 2SLS 回归结果之前，首先根据第一阶段回归的 4 个统计量来检验本书所选工具变量的有效性，即用 Kleibergen-Paap rk LM 统计量检验工具变量是否识别不足，用 Kleibergen-Paap Wald rk F 统计量、Minimum eigenvalue 统计量和 Shea's 偏 R^2 统计量检验是否存在弱工具变量。从表 6 – 6 的检验结果可以看出，Kleibergen-Paap rk LM statistic 均在 1% 的显著性水平上拒绝"工具变量识别不足"的原假设；Kleibergen-Paap Wald rk F 统计量、Minimum eigenvalue 统计量（大于 10）和 Shea's 偏 R^2 统计量也均拒绝"存在弱工具变量"的原假设。因此，可以看出表 6 – 6 中各列估计模型所选取的工具变量均是有效的。

在表 6 – 6 中，第（1）列为对经济增长质量综合指数的估计结果。结果显示，在使用工具变量控制内生性后，变量 *ER* 的估计系数依然显著为正，说明加大环境规制强度对提高经济增长质量的促进作用是显著且稳健的。第（2）列至第（5）列分别是对经济增长质量的结构维度指数、效率维度指数、稳定性维度指数及持续性维度指数的估计结果。结果显示，变量 *ER* 的估计系数仅在第（3）列和第（5）列是显著为正的，说明环境规制主要显著改善了经济增长的效率和持续性这两个维度，而对经济增长的结构维度和稳定性稳定的影响不明显，这一结果也与前文的基本回归结果保持一致。

二、基于分阶段回归的稳健性检验

2000 年以来，国家先后出台了《中华人民共和国水污染防治实施细则》《中华人民共和国大气污染防治法》《中华人民共和国固体废物污染环境防治法》等法律法规，标志着中国的环境规制逐步全面展开。2006 年堪称中国的环境规制政策进入深化阶段的"开篇之年"，国家在这一年大幅度提高了对环境保护的重视程度，提出了 20 多项与环境保护相关的经济政策，这一年也是环境保护的历史性转变（王群勇和陆凤芝，2018）。基于此，我们将本书的样本期间 2000 ~ 2016 年分割为 2000 ~ 2006 年和 2007 ~ 2016 年两个时间段，进行分阶段回归，考察核心解释变量的估计系数是否发生实质性改变，以检验前文基本回归结果的稳健性。

分阶段的系统 GMM 估计结果见表 6 – 7，其中，Panel A 部分为 2000 ~ 2006 年阶段的回归结果，Panel B 部分为 2007 ~ 2016 年阶段的回归结果。表 6 – 7 第（1）列的估计结果显示，核心解释变量 *ER* 的系数符号和显著性在前后两个阶段中并未发生实质性改变，均至少在 10% 的水平上显著为正；表 6 – 7 第（2）列至第（5）列的估计结果显示，不管是在 2000 ~ 2006 年阶段还是 2007 ~ 2016 年阶段，环境规制对经济增长的效率维度和持续性维度均表现出显著的改善作用，而对经济增长的结构维度和稳定性稳定的促进作用不明显，这与前文的基本回归结果相一致；其他变量的估计结果（除部分变量的显著性有所下降外）也基本与前文分析一致。以上结果说明，在考虑不同时间阶段的趋势特征后，本书基本回归结果依然具有较好的稳健性。此外，我们也注意到，在表 6 – 7 第（1）列对经济增长质量综合指数的回归结果中，变量 *ER* 在 Panel B 部分的估计系数明显大于在 Panel A 部分的估计系数，这反映出，在 2006 年之后，随着国家对环境保护越来越重视，不断推出环境保护的相关经济政策，环境保护的相关政策执行力度也在逐渐加强，环境规制对提高中国经济增长质量的促进作用更加明显。

表6-7　　　　　　　基于分阶段回归的稳健性检验结果

变量	模型（1） 经济增长质量 综合指数	模型（2） 结构 维度指数	模型（3） 效率 维度指数	模型（4） 稳定性 维度指数	模型（5） 持续性 维度指数
Panel A（2000~2006年）					
L. Quality	0.7832 *** (34.039)	0.9404 *** (47.254)	0.8039 *** (72.593)	0.5392 *** (49.365)	1.0028 *** (28.933)
ER	0.0029 * (1.820)	0.0158 (0.263)	0.0014 ** (2.336)	0.0284 (1.010)	0.0085 ** (2.088)
K	−0.0294 (−1.289)	−0.0043 * (−1.822)	−0.0395 (−0.954)	−0.0832 (−1.376)	−0.0037 * (−1.790)
HC	0.0081 *** (3.990)	0.0764 * (1.832)	0.0049 *** (3.366)	0.0537 * (1.807)	0.0377 * (1.753)
S	0.0035 (0.504)	0.0729 (0.122)	0.0294 (1.296)	0.0048 * (1.709)	−0.0190 (−0.753)
RD	0.0073 ** (2.303)	0.0135 (0.980)	0.0021 * (1.855)	0.0439 * (1.753)	0.0047 ** (2.006)
TI	0.0002 ** (2.060)	0.0017 * (1.873)	0.0054 ** (2.444)	0.0033 * (1.860)	0.0046 ** (2.090)
FDI	0.0023 * (1.881)	0.0184 ** (2.164)	0.0392 ** (2.449)	0.0063 ** (2.488)	0.0054 * (1.860)
常数项	0.5873 (1.284)	0.7489 * (0.212)	1.2764 *** (6.573)	0.8477 * (1.787)	0.5732 (0.483)
地区固定效应	控制	控制	控制	控制	控制
年份固定效应	控制	控制	控制	控制	控制
Sargan	102.860 [0.402]	114.064 [0.159]	102.923 [0.401]	99.057 [0.508]	106.463 [0.311]
AR（1）	−2.210 [0.027]	−2.027 [0.043]	−2.275 [0.023]	−2.156 [0.031]	−2.531 [0.011]
AR（2）	−1.442 [0.149]	−1.534 [0.125]	−1.622 [0.105]	−1.546 [0.122]	−1.418 [0.156]
Panel B（2007~2016年）					
L. Quality	1.0015 *** (40.073)	1.0042 *** (14.017)	0.7055 *** (23.402)	1.0070 *** (74.781)	1.0084 *** (42.158)
ER	0.0248 *** (3.575)	0.0421 (0.647)	0.0257 ** (2.596)	0.0147 (1.181)	0.0125 ** (2.289)

续表

变量	模型（1） 经济增长质量 综合指数	模型（2） 结构 维度指数	模型（3） 效率 维度指数	模型（4） 稳定性 维度指数	模型（5） 持续性 维度指数
K	−0.0842 * （−1.940）	−0.0975 （−0.482）	−0.1956 * （−1.766）	−0.0488 （−1.151）	−0.0525 ** （−2.668）
HC	0.0651 * （1.855）	0.0560 ** （2.152）	0.0464 * （1.750）	0.0204 * （1.864）	0.0254 ** （2.004）
S	0.0950 （0.852）	0.0044 （1.025）	0.0159 （0.590）	0.0271 （0.648）	0.0442 （0.480）
RD	0.0562 ** （2.204）	0.0465 * （1.860）	0.0164 * （1.745）	0.0921 ** （2.158）	0.0599 ** （2.807）
TI	0.0042 ** （2.445）	0.0019 * （1.762）	0.0094 ** （2.140）	0.0095 * （1.699）	0.0054 ** （2.620）
FDI	0.0057 *** （4.091）	0.0044 ** （2.644）	0.0082 ** （2.156）	0.0025 * （1.709）	0.0155 ** （2.189）
常数项	1.5555 ** （2.350）	−0.6548 *** （−4.012）	−1.5795 （−0.988）	−1.9390 （−0.299）	0.4922 *** （3.428）
地区固定效应	控制	控制	控制	控制	控制
年份固定效应	控制	控制	控制	控制	控制
Sargan	89.864 [0.756]	68.985 [0.992]	88.481 [0.788]	72.125 [0.984]	85.670 [0.846]
AR（1）	−2.327 [0.020]	−2.316 [0.021]	−2.141 [0.032]	−1.910 [0.056]	−1.856 [0.063]
AR（2）	−1.508 [0.132]	−1.070 [0.284]	−1.628 [0.104]	−0.920 [0.357]	−1.497 [0.134]

注：圆括号内是采用聚类稳健标准差得到的 t 值或 z 值；Sargan、AR（1）和 AR（2）检验的第二行数值为相应统计量的伴随概率；*** 、** 和 * 分别表示 1%、5% 和 10% 的显著性水平。

三、基于改变衡量指标的稳健性检验

在现有相关文献中，环境规制的衡量指标尚不统一，使用较多的主要有两类指标。一类是使用污染排放强度来衡量环境规制，即通过对不同污染物的单位产值排放量先后进行标准化和加权处理，进而构建一国或地区的污染排放强度指标，由于污染排放强度与环境规制之间是正相关关系，因此污染排放强度越大就说明环境规制政策越严格（蒋伏心等，2013）。另一类是使用单位产值的污染治理费用来反映环境规制强度，一国或地区单位产值的污染治理费越高，该国或地区的环境规制强度越大（李小平等，2012；谢靖和廖涵，2017）。实际上，第一类指标主要反映的是一国或地区的污染强度；第二类指标反映了一国或地区的污染治理和控制支出，可以更直接地衡量环境规制政策的严格程度。基于此，我们在上文基本回归中主要借鉴第二类方法，用工业废水和废气治理设施的运行费用与一国或地区的工业增加值的比值来衡量环境规制。然而，由于部分年份工业增加值的数据缺失，我们使用了回归估计的方法对缺失数据进行补齐，这可能会在一定程度上造成估计偏误。因此，为保证前文基本回归结果的可靠性，我们借鉴李珊珊（2016）的做法，改用工业废水和废气治理设施的运行费用与主营业务成本的比值来衡量环境规制，进行稳健性检验。基于改变环境规制衡量指标的稳健性检验结果见表6-8。

表6-8　　　　　　　　基于改变衡量指标的稳健性检验结果

变量	模型（1）经济增长质量综合指数	模型（2）结构维度指数	模型（3）效率维度指数	模型（4）稳定性维度指数	模型（5）持续性维度指数
L. Quality	0.7815 *** (25.766)	1.0320 *** (149.617)	0.9150 *** (27.356)	0.3065 *** (29.025)	1.0675 *** (40.530)
ER	0.0062 *** (2.947)	0.0052 (1.193)	0.0569 ** (2.003)	0.0218 (1.230)	0.0135 ** (2.228)
K	-0.0044 (-1.009)	-0.0328 * (-1.703)	-0.0087 (-1.114)	-0.0047 (-0.777)	-0.0002 (-1.090)
HC	0.0383 ** (2.110)	0.0067 ** (2.032)	0.0052 * (1.766)	0.0024 * (1.709)	0.0019 *** (3.459)
S	0.0284 (1.004)	0.0018 (0.387)	0.0047 (0.598)	0.0285 (1.284)	0.0037 (0.683)
RD	0.0073 *** (3.785)	0.0135 * (1.780)	0.0021 ** (2.155)	0.0439 * (1.704)	0.0047 * (1.803)
TI	0.0042 ** (2.083)	0.0183 * (1.699)	0.0057 * (1.774)	0.0192 (1.230)	0.0073 *** (3.390)
FDI	0.0186 ** (2.280)	0.0044 ** (2.103)	0.0071 ** (2.329)	0.0218 ** (2.007)	0.0005 * (1.716)
常数项	1.8435 *** (4.285)	0.8873 (1.326)	0.3669 (0.932)	1.2842 *** (5.572)	2.4626 *** (3.783)

变量	模型（1） 经济增长质量 综合指数	模型（2） 结构 维度指数	模型（3） 效率 维度指数	模型（4） 稳定性 维度指数	模型（5） 持续性 维度指数
地区固定效应	控制	控制	控制	控制	控制
年份固定效应	控制	控制	控制	控制	控制
Sargan	143.232 [0.640]	147.535 [0.542]	131.563 [0.858]	139.429 [0.721]	146.835 [0.558]
AR（1）	-1.746 [0.081]	-1.703 [0.089]	-1.816 [0.069]	-1.655 [0.098]	-2.117 [0.034]
AR（2）	-1.518 [0.129]	-0.922 [0.357]	-1.193 [0.233]	-1.079 [0.281]	-1.384 [0.166]

注：圆括号内是采用聚类稳健标准差得到的 t 值或 z 值；Sargan、AR（1）和 AR（2）检验的第二行数值为相应统计量的伴随概率；*** 、** 和 * 分别表示 1%、5% 和 10% 的显著性水平。

在表 6-8 中，第（1）列为对经济增长质量综合指数的估计结果，第（2）列至第（5）列分别是对经济增长质量的结构维度指数、效率维度指数、稳定性维度指数及持续性维度指数的估计结果。结果显示，加大环境规制强度对提高中国整体的经济增长质量存在显著的促进作用，而在经济增长的分维度方面具有差异性，即环境规制主要显著改善了经济增长的效率和持续性这两个维度，而对经济增长的结构维度和稳定性稳定的影响不明显，这一结果与前文的基本回归结果保持一致。因此，在改变核心解释变量环境规制的衡量指标后，本章的实证结论依然是可靠和稳健的。

第五节 扩展性讨论

上文的计量结果说明，加大环境规制强度对提升中国整体的经济增长质量具有显著且稳健的促进作用，但是在不同区域和不同类型行业上却表现出了明显的异质性。从区域上看，环境规制对中部地区经济增长质量提高的促进作用最为显著，其次为西部地区，而对东部地区无明显促进作用；从行业类型上看，重度污染行业的环境规制政策显著有利于经济增长质量的提升，而轻度污染行业的环境规制政策不利于经济增长质量的提升，但这种作用并不明显。以上结果引人深思，为何环境规制对经济增长质量的影响在全样本和分类型样本中不一致？根据现有相关研究结论（孙英杰和林春，2018），我们猜想，这可能是因为环境规制与经济增长质量之间并非是简单的线性关系，即环境规制对经济增长质量的影响可能存在着一个拐点值，在拐点值前后环境规制对经济增长质量的影响是不同的，进而环境规制与经济增长质量之间表现出非线性关系。

基于以上分析，我们将计量模型（6-2）改写如下：

$$Quality_{it} = \beta_0 + \beta_1 Quality_{i,t-1} + \beta_2 ER_{it} + \beta_3 ER_{it}^2 + \psi X + \delta_i + \varepsilon_{it}$$

$$(6-4)$$

其中，$Quality$ 和 ER 分别表示经济增长质量水平和环境规制强度；X 代表一系列控制变量；下标 i 和 t 分别代表省份和年份；δ 和 ε 分别表示地区固定效应和随机误差项。在控制变量的选取上，与前文分析相一致，为尽可能控制其他因素对经济增长质量的影响，我们在模型中引入资本密集度、人力资本、企业规模、自主研发、技术引进及外资等控制变量。各个变量的指标选取以及数据的来源和处理也均与前文一致。在计量模型（6-4）中，我们将主要考察核心解释变量环境规制平方项 ER^2 的系数符号和显著性，以检验环境规制与经济增长质量之间的非线性关系。以下内容将分别从经济增长质量综合指数和经济增长质量分维度指数两个方面来进行检验。

一、基于经济增长质量综合指数的非线性关系讨论

我们依然采用逐步回归的方法进行系统 GMM 估计，一方面来考察模型中是否存在严重的多重共线性问题，另一方面来缓解模型中的内生性问题。以经济增长质量综合指数为被解释变量，对计量模型

（6-4）进行估计，估计结果报告于表6-9。根据表6-9的Sargan
检验、AR（1）和AR（2）检验结果，各逐步回归模型均无法拒绝
"过度识别约束是有效的"的原假设，且均不存在二阶自相关问题，
说明各模型的回归结果是可靠的。其次，在逐步引入控制变量的过程
中，核心解释变量的估计系数并未发生实质性改变，表明各回归模型
并未受到多重共线性的较大影响，回归结果较为稳健。

表6-9　　环境规制对经济增长质量综合指数的非线性估计结果

变量	模型（1）	模型（2）	模型（3）	模型（4）	模型（5）	模型（6）
L. Quality	0.8748 *** （129.676）	0.8745 *** （142.639）	0.7989 *** （48.392）	0.8018 *** （51.033）	0.7834 *** （37.898）	0.7897 *** （27.301）
ER	0.0020 ** （2.430）	0.0268 * （1.827）	0.0418 *** （2.998）	0.0374 *** （3.028）	0.0225 ** （2.630）	0.0215 ** （2.656）
ER^2	-0.0029 * （-1.676）	-0.0022 * （-1.661）	-0.0032 ** （-2.575）	-0.0030 *** （-2.973）	-0.0018 ** （-2.499）	-0.0017 ** （-2.532）
K			-0.0210 *** （-4.024）	-0.0134 ** （-2.139）	-0.0131 ** （-2.067）	-0.0141 * （-1.816）
HC			0.0216 *** （6.504）	0.0206 *** （6.625）	0.0145 *** （5.619）	0.0139 *** （5.744）
S				0.0043 （1.095）	0.0042 （1.200）	0.0029 （0.649）
RD					0.0111 *** （3.654）	0.0100 *** （3.395）
TI					0.0032 ** （2.480）	0.0030 ** （2.504）
FDI						0.0005 * （1.717）
常数项	0.0973 *** （4.222）	0.0321 （0.810）	-0.0840 * （-1.734）	-0.0375 （-0.844）	-0.0359 （-0.797）	-0.0230 （-0.516）
地区固定效应	否	控制	控制	控制	控制	控制
年份固定效应	否	控制	控制	控制	控制	控制
Sargan	143.495 [0.634]	154.699 [0.379]	143.558 [0.633]	139.692 [0.716]	147.098 [0.552]	113.627 [0.988]
AR（1）	-2.492 [0.013]	-2.480 [0.013]	-2.305 [0.021]	-2.074 [0.038]	-2.020 [0.043]	-2.741 [0.006]
AR（2）	-1.151 [0.250]	-0.992 [0.321]	-1.203 [0.229]	-1.300 [0.194]	-1.470 [0.142]	-1.642 [0.101]

　　注：圆括号内是采用聚类稳健标准差得到的t值或z值；Sargan、AR（1）和AR（2）
检验的第二行数值为相应统计量的伴随概率；***、**和*分别表示1%、5%和10%的显
著性水平。

具体来看，核心解释变量环境规制一次项 ER 的估计系数显著为正，二次项 ER^2 的估计系数显著为负，并且在控制资本密集度、人力资本水平、企业规模、自主研发、技术引进、外资及地区固定效应等因素后依然显著，说明环境规制对中国整体的经济增长质量会产生非线性的影响，二者之间存在着正向的倒"U"型动态关系，即在环境规制强度较低时，环境规制政策会促进经济增长质量的提高；但随着环境规制强度的不断提升，这种促进作用会逐渐弱化，当环境规制强度提高到一定水平时，反而会在一定程度上抑制经济增长质量的提高。这一结论与孙英杰和林春（2018）的研究较为一致。其原因可能在于，环境规制会同时产生"抵消效应"和"补偿效应"这两种方向相反的影响，因此在环境规制政策的不同阶段，环境规制对经济的综合作用方向也将不同。其他变量的估计结果与前文回归结果基本保持一致。

二、基于经济增长质量分维度指数的非线性关系讨论

进一步地，分别以经济增长质量的四个分维度指数为被解释变量，对计量模型（6-4）进行系统 GMM 估计，考察环境规制与经济增长不同维度之间的非线性关系，估计结果见表 6-10。表 6-10 的第（1）列至第（4）列分别报告的是环境规制对经济增长的结构维度指数、效率维度指数、稳定性稳定指数和持续性维度指数的非线性估计结果。从估计结果可以看出，各回归模型均通过了 Sargan 检验以及 AR（1）和 AR（2）检验。

表 6-10　环境规制对经济增长质量分维度指数的非线性估计结果

变量	模型（1） 结构维度指数	模型（2） 效率维度指数	模型（3） 稳定性维度指数	模型（4） 持续性维度指数
L. *Quality*	1.0320 *** (149.617)	0.9150 *** (27.356)	0.3065 *** (29.025)	1.0675 *** (40.530)

变量	模型（1）结构维度指数	模型（2）效率维度指数	模型（3）稳定性维度指数	模型（4）持续性维度指数
ER	0.0062 （1.403）	0.0569 ** （2.193）	0.0218 （1.230）	0.0135 * （1.728）
ER^2	−0.0005 （−1.408）	−0.0056 * （−1.838）	−0.0019 （−1.376）	0.0013 ** （2.027）
K	−0.0042 *** （−2.587）	−0.0464 ** （−2.520）	−0.0217 ** （−2.553）	−0.0120 （−1.527）
HC	0.0004 （0.526）	0.0452 ** （2.380）	0.0064 * （1.769）	0.0102 *** （5.035）
S	0.0035 *** （3.603）	0.0413 *** （4.937）	0.0009 （0.113）	−0.0041 （−0.961）
RD	0.0069 *** （6.898）	0.0602 *** （4.613）	0.0165 *** （3.376）	0.0217 *** （6.728）
TI	0.0061 *** （8.012）	0.0442 *** （9.342）	0.0097 *** （3.565）	0.0042 * （1.776）
FDI	0.0015 * （1.666）	0.0307 *** （3.886）	0.0055 （1.085）	0.0002 （0.043）
常数项	−0.0126 （−1.152）	−0.1004 （−0.691）	0.5549 *** （7.205）	−0.1921 *** （−4.717）
地区固定效应	控制	控制	控制	控制
年份固定效应	控制	控制	控制	控制
Sargan	121.357 ［0.958］	140.853 ［0.692］	124.497 ［0.937］	138.042 ［0.749］
AR（1）	−2.192 ［0.028］	−2.440 ［0.015］	−2.321 ［0.020］	−2.695 ［0.007］
AR（2）	−0.329 ［0.742］	−0.385 ［0.700］	−0.498 ［0.619］	−0.629 ［0.530］

注：圆括号内是采用聚类稳健标准差得到的 t 值或 z 值；Sargan、AR（1）和 AR（2）检验的第二行数值为相应统计量的伴随概率；*** 、** 和 * 分别表示1%、5% 和10% 的显著性水平。

表6－10 的回归结果显示：（1）环境规制对中国经济增长质量的结构维度指数影响不显著。从结构维度指数的构成来看，其主要包括需求结构、产业结构、城乡二元结构、金融结构、收入分配及国际收支六个方面，虽然环境规制政策已被证实可以影响产业结构升级（程晨和李贺，2018）、生态保护者和环境受益者的收入分配格局（范庆泉，2018），但总体上对经济增长结构影响不大。（2）环境规制对中

国经济增长质量的效率维度指数的影响呈现显著的正向倒"U"型特征（变量 ER 的一次项系数为正，二次项系数为负）。其可能的原因在于，效率维度指数主要包括要素生产率和能源利用率两个方面，现有研究结论显示，环境规制对要素生产率和能源效率存在着非线性的影响（宋德勇和赵菲菲，2018；陶长琪等，2018）。（3）环境规制对中国经济增长质量的稳定性维度指数影响也不显著，说明环境规制政策并未对产出波动、就业波动和价格波动产生有效作用。（4）环境规制对中国经济增长质量的持续性维度指数会产生正向"U"型特征的非线性影响（变量 ER 的一次项系数和二次项系数均为正向）。这是因为环境规制政策能否促进经济可持续增长主要取决于环境规制的"创造性破坏"作用，而环境规制对经济增长的"创造性破坏"作用存在明显的"门槛效应"（吴静，2018）。此外，环境规制对技术创新的促进作用也存在"门槛效应"，"波特假说"的创新补偿效应需要环境规制达到一定强度后才能出现（沈能和刘凤朝，2012）。以上分维度指数的非线性估计结果再次反映出，环境规制主要是通过经济增长效率和经济增长可持续性这两种作用渠道来影响中国经济增长质量。

──────　第六节　本章小结　──────

在充分借鉴现有相关文献的基础上，本部分结合第五章从经济增长的结构、效率、稳定性和持续性四个维度构建指标体系，并利用主成分分析法和熵权法测算出的中国经济增长质量分维度指数和综合指数，构建计量模型，实证检验环境规制对中国经济增长质量的影响。主要研究得出以下几个结论。

第一，在整体层面，通过控制资本密集度、人力资本水平、企业规模、自主研发、技术引进、外资等其他变量以及地区固定效应和年份固定效应，发现加大环境规制强度对提升中国整体的经济增长质量具有显著且稳定的促进作用，环境规制政策有助于实现环境保护和经济增长的双赢局面。但是，环境规制对经济增长分维度指数的影响存在明显的差异性。加强环境规制强度可以在一定程度上促进经济增长质量的效率维度和持续性维度的改善，而环境规制对经济增长质量的结构维度和稳定性维度无显著的促进作用。以上分维度指数的差异化结果反映出，环境规制对中国经济增长质量的影响主要体现在经济增长效率和经济增长可持续性这两个维度，而对于经济增长的结构维度和稳定性维度的影响并不明显。

第二，在地区层面，环境规制对不同地区经济增长质量的影响存在明显的区域异质性，即对中部地区的促进作用最为显著，其次为西部地区，对东部地区则无明显促进作用。这可能是因为，东部地区经济起飞较早，与环境保护相关的法律体系、政策措施等较为健全，而随着环境规制强度的逐渐提高，高端企业的技术创新补偿和绿色技术研发成本之间的比较逐渐成为环境规制影响经济增长质量的关键因素；中部地区作为工业生产的核心区域，存在大量高投入、高排放、高污染的低端生产企业，实施适当的环境规制政策恰好能倒逼这些低端生产企业开展绿色技术创新活动，促进该地区要素生产率和经济增长持续性能力的提升，进而有助于提高该地区的经济增长质量；西部地区经济起步较晚，经济基础也较为薄弱，但随着国家"西部大开发"战略的逐步实施，不断为西部地区提供政策优势，政策红利逐渐释放，实施与该地区经济发展相适宜的环境规制政策能发挥创新补偿效应，激励该地区企业加大技术创新力度，促进西部地区经济增长质量的提升。

第三，在行业层面，由于不同类型行业的环境规制强度不同，环境规制对经济增长质量的影响呈现出明显的行业异质性，即重度污染行业的环境规制政策对经济增长质量的影响比轻度污染行业更为显著。

第四，从控制变量来看，资本密集度的提高并不利于经济增长质量的提升；作为技术进步基本依托的人力资本要素是提高经济增长质量的重要因素之一；企业规模的大小并未对经济增长质量产生明显影响；自主研发和技术引进都有助于提高经济增长质量；外资作为资本、先进技术和管理经验的载体，不仅可以促进中国经济规模的扩张，还可以有效提高中国经济增长的质量水平。以上主要结论在改变估计方法、改变估计样本以及改变核心解释变量的衡量指标后，依然保持稳健。

第五，通过拓展性讨论，我们发现，环境规制对中国整体的经济增长质量会产生非线性的影响，二者之间存在着正向的倒"U"型动态关系，即在环境规制强度较低时，环境规制政策会促进经济增长质量的提高；但随着环境规制强度的不断提升，这种促进作用会逐渐弱化，当环境规制强度提高到一定水平时，反而会在一定程度上抑制经济增长质量的提高。此外，从经济增长质量的不同维度来看，环境规制对中国经济增长质量的效率维度指数的影响呈现显著的正向倒"U"型特征，对中国经济增长质量的持续性维度指数会产生正向"U"型特征的非线性影响，而对中国经济增长质量的结构维度指数和稳定性维度指数并无显著的非线性影响。

根据以上研究结论，我们提出以下政策建议：第一，政府的宏观政策目标不仅包括经济增长的规模，更应该重视经济增长的质量。特别是在新常态时期，经济增长速度明显放缓，要素成本压力和资源环境约束逐渐加重，因此推动经济高质量发展已成为当前制定经济政策、实施宏观调控的根本要求。第二，在适宜的范围内增加环境规制强度，不仅有利于生态环境改善，还能提高要素生产率和能源利用率，促进经济高质量、可持续发展。但是，也应该注意到，环境规制对经济的影响是动态的，不应盲目加大环境规制强度，而应该考虑经济实体的承受力，对规制强度作出相应调整，以避免过高的环境成本抑制经济实体的技术创新积极性。第三，人力资本作为技术进步的基本依托，是提高经济增长质量的重要因素之一。有关部门应该进一步加大人力资本投资，以不断输出创新型人力资本，促进经济实体提升创新能力和创新绩效，推动经济朝着高质高效方向发展。第四，在技术引进的同时也应重视自主研发创新，通过创新驱动经济增长方式转变，提高经济增长质量。第五，合理引进和科学管理外资，进一步扩大开放，形成良好的外部环境和完善的市场机制，促进经济高效、稳定发展。

第七章　环境规制影响中国经济增长质量的路径分析

本书前面实证检验了环境规制对中国经济增长质量的影响，基于经济增长质量综合指数的实证结果，表明实施环境规制政策有利于中国经济增长质量的提高；基于经济增长分维度指数的实证结果，发现环境规制对中国经济增长质量的影响主要体现在经济增长效率和经济增长可持续性这两个维度，而对于经济增长的结构维度和稳定性维度的影响并不明显。基于此，本部分将着重从经济增长的效率维度和持续性维度来分析环境规制对经济增长质量的影响路径，并利用计量模型对这两种影响路径进行实证检验。

—— 第一节　引言 ——

当前环境污染、资源耗竭等生态环境问题对经济发展的制约作用日益凸显，中国依赖高要素投入的传统发展方式面临严峻挑战，要素生产率的提高成为未来中国经济高质量增长的主要动力。要素生产率对经济增长具有较强的引动关系，是促进经济增长的重要力量。环境问题已经引起社会大众和各级政府的高度重视。为治理环境问题，国家出台了多方面的应对措施，环境规制强度在逐渐加大。而环境规制对经济增长效率维度的影响，关键要看环境规制与要素生产率之间的关系。因此，研究环境规制通过要素生产率对经济增长质量的作用路径，对于实现环境保护和经济高质量增长具有重要的现实意义。

现有文献对于环境规制与要素生产率以及环境规制与技术创新之间关系进行了有益探讨。其一，关于环境规制与要素生产率之间关系的研究。贝克（Becker，2011）、藤井等（Fujii et al.，2014）研究发现，环境规制政策的实施将促使企业把更多的生产性资源投入环境治理这一非生产性活动，进而导致要素生产率的下降。拉诺伊等（Lanoie et al.，2007）研究得出，环境规制能够改善环境质量、推进清洁技术创新以及资源利用水平的提升，进而对要素生产率具有显著的正向影响。由此可见，基于不同研究视角、不同研究方法和不同研究样本，学者们得出的研究结论也有较大差异。其二，关于环境规制与技术创新之间关系的研究。国内外大量文献研究了环境规制与技术创新的关系，得出了两种结论相反的观点。第一种观点认为，在环境规制政策下，企业必然要承担相应的污染治理费用，从而增加企业的生产成本（Jafe et al.，1997），进而会对企业的技术创新产生"抵消效应"（Chintrakam，2008）。第二种观点认为，长期来看，适宜的环境规制政策可以倒逼企业进行技术创新（Porter & Linde，1995），能提升企业的盈利能力（Mazzanti & Zoboli，2009），进而不仅可以覆盖企业的治污成本（Brunnermeier & Cohen，2003），还可以补偿企业的技术创新投入，即环境规制的"创新补偿效应"。国内学者基于中国的环境规制政策对以上两种观点进行了实证研究。赵霄伟（2014）利用地级市工业面板数据研究发现，增强环境规制强度会在一定程度上抑制企业的技术创新。张成等（2011）、吴明琴等（2016）的研究结论验证了环境规制的"创新补偿效应"。还有一些学者发现，环境规制对技术创新的影响是非线性的，即存在"门槛"效应（熊艳，2011；王洪庆，2016）。

本书前面实证检验了环境规制对中国经济增长质量的影响，基于经济增长质量综合指数的实证结果，表明实施环境规制政策有利于中国经济增长质量的提高；基于经济增长分维度指数的实证结果，发现环境规制对中国经济增长质量的影响主要体现在经济增长效率和经济增长可持续性这两个维度，而对于经济增长的结构维度和稳定性维度的影响并不明显。这反映出，环境规制主要是通过经济增长效率和经济增长持续性这两个维度来影响经济增长质量。而要素生产率和技术创新分别是经济增长质量的效率维度和持续性维度的重要构成指标。因此，基于对现有相关研究的充分借鉴，本部分将分别从要素生产率和技术创新两个方面分析环境规制对经济增长质量的影响路径，并利用计量模型对这两种影响路径进行实证检验，以为有效实现环境保护和经济高质量增长的双赢提供经验证据。

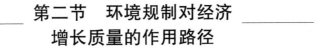

第二节　环境规制对经济 增长质量的作用路径

如前所述，环境规制主要是通过经济增长效率和经济增长持续性这两个维度影响经济增长质量，而要素生产率和技术创新分别是经济增长质量的效率维度和持续性维度的重要构成指标，因此，我们将主要从要素生产率和技术创新两个方面分析环境规制对经济增长质量的作用路径。

一、基于要素生产率的作用路径

一方面，环境规制政策的实施会使得企业将部分资本、劳动和资源投入环境治理，即环境规制对企业的生产性资源产生挤占效应，进而引起企业要素生产率的下降。具体来说，企业环境治理活动的实施需要耗费人力资源，引致劳动、资本等要素从生产性活动进入环境治理领域，进而影响要素生产率；为应对环境规制强度的不断增加，企业需要投入大量资金用于清洁生产以及对原有生产设备、生产工艺的改进，该行为引致资金从生产性活动进入环境治理领域，进而影响要素生产率。因此，环境规制会在一定程度上引致生产性资源流入环境治理这一非生产性领域，进而不利于企业要素生产率的提高。

另一方面，环境规制也可以通过降低企业生产成本，进而对要素生产率产生正向的影响。其一，环境规制的实施改善了劳动者的生活环境，提升了劳动者的健康水平，在降低了企业用于劳动者医疗保险等方面费用的同时，也提高了劳动生产率。此外，随着劳动者对非货币性因素关注度的提升，环境质量的改善能提高企业对高素质人才的吸引力，改善企业劳动人员结构，对劳动生产率的提升具有显著促进作用。其二，为应对环境规制政策，企业会加大研发投入，推动清洁技术的创新，改进生产设备和生产工艺，进而有利于资本生产率的提高。

综合来看，环境规制对要素生产率会产生两种作用方向相反的影响，二者之间可能存在着一种非线性的影响关系。即，在环境规制强度较弱阶段，环境规制将导致企业要素生产率的下降，不利于经济增长质量的提升；随着环境规制强度的不断加大，这种不利作用会逐渐消退，环境规制反而会提高企业的要素生产率，进而促进经济增长质量的提升。

二、基于技术创新的作用路径

根据传统学派的观点，环境规制会通过"成本效应"在一定程度上抵消企业的技术创新投入，进而不利于经济增长质量的提升。面对政府的环境规制政策，企业为使其生产活动达到环境保护要求，不论是通过控制污染排放还是通过提高污染治理技术水平，都必然会增加企业的生产成本，在其他条件不变的情况下，生产成本的增加会让企业重新考虑资源配置，减少或控制技术创新支出，从而阻碍企业的技术进步，对一国或地区的经济增长质量产生"抵消效应"。此外，企业在环境规制约束下安排生产经营活动，实际上就是对其生产决策增添了一个新的约束条件，如企业在机器设备更新、建厂选址等决策上都会将环境标准加入约束条件内，使得企业的生产决策集变小，企业在生产、管理等环节的难度增大，不利于企业有效地利用现有资源，阻碍企业的技术升级，在宏观层面上将对一国或地区的经济增长质量产生"约束效应"。因此，从静态上看，环境规制通过"抵消效应"和"约束效应"对企业的技术创新产生抑制作用，对一国或地区的经济增长质量产生消极影响。

然而，随着政府实施更为严格的环境规制标准，企业的污染治理成本也将明显增加，环境规制会成为一种外在压力，倒逼企业进行技术引进或自主创新，改良生产工艺，提高企业的技术创新能力和持续发展能力。最终，在企业进行技术创新和生产工艺改进后，企业生产的产品在市场中将更具有竞争优势，企业会获得更多的利润，能够部分或全部抵消污染治理成本，从而激励企业继续加大对技术创新的投入，持续提高企业的技术创新能力和长期发展能力，即环境规制的"创新补偿效应"。因此，从动态上看，环境规制通过"创新补偿效应"能够促进企业加大技术创新投入，在宏观层面上会促进一国或地区经济增长质量的提升。

综合上述分析，环境规制会通过"抵消效应""约束效应"和"创新补偿效应"对企业的技术创新投入产生综合影响，进而会影响到一国或地区的经济增长质量。

第三节 实证检验

一、计量模型与变量说明

（一）计量模型设定

为实证检验环境规制对经济增长质量的作用路径，基于前面计量模型（6-1），我们将检验要素生产率路径的计量模型设定如下：

$$Quality_{it} = \beta_0 + \beta_1 ER_{it} \times LP_{it} + \beta_2 ER_{it} \times CP_{it} + \psi X + \delta_i + \varepsilon_{it}$$

$$(7-1)$$

其中，$Quality$ 和 ER 分别表示经济增长质量水平和环境规制强度；LP 和 CP 分别表示劳动生产率和资本生产率，$ER \times LP$ 和 $ER \times CP$ 分别表示环境规制与劳动生产率和资本生产率的交乘项，反映环境规制通过劳动生产率和资本生产率对经济增长质量的影响；X 代表一系列控制变量；下标 i 和 t 分别代表省份和年份；δ 和 ε 分别表示地区固定效应和随机误差项。

类似地，我们依据技术创新方式的不同，将技术创新分为自主研发和技术引进，设定检验技术创新路径的计量模型如下：

$$Quality_{it} = \beta_0 + \beta_1 ER_{it} \times RD_{it} + \beta_2 ER_{it} \times TI_{it} + \psi X + \delta_i + \varepsilon_{it}$$

$$(7-2)$$

其中，RD 和 TI 分别表示自主研发和技术引进，$ER \times RD$ 和 $ER \times TI$ 分别表示环境规制与自主研发和技术引进的交乘项，反映环境规制通过自主研发和技术引进对经济增长质量的影响；其他说明同上。

在控制变量的选取上，为尽可能控制其他因素对经济增长质量的影响，我们在模型中依然引入资本密集度、人力资本、企业规模、自主研发、技术引进及外资等控制变量。

（二）变量与数据说明

第一，被解释变量。如上所述，环境规制主要是通过经济增长效率和经济增长持续性这两个维度影响经济增长质量，而要素生产率和技术创新分别是经济增长质量的效率维度和持续性维度的重要构成指标。因此，在计量模型（7-1）中，我们将被解释变量选取为中国经济增长质量的效率维度指数；在计量模型（7-2）中，我们将被解释变量选取为中国经济增长质量的持续性维度指数。

第二，核心解释变量。本部分主要是检验环境规制对经济增长质量的作用路径，所以计量模型（7-1）和模型（7-2）的核心解释变量分别为环境规制与要素生产率（包括劳动生产率和资本生产率）和技术创新（包括自主研发和技术引进）的交乘项，即 $ER \times LP$、$ER \times CP$ 与 $ER \times RD$、$ER \times TI$。环境规制（ER）依然借鉴李小平等（2012）、谢靖和廖涵（2017）的方法，用工业废水和废气治理设施的运行费用与该地区或行业的工业增加值的比值衡量。劳动生产率用实际 GDP/从业人数衡量，资本生产率用实际 GDP/资本存量衡量；资本生产率中的资本存量参照张军和章元（2003）的方法进行估计，折旧率设定为 9.6%。

第三，其他控制变量的指标选取均与上文一致。本部分数据主要来自历年《中国工业经济统计年鉴》《中国环境统计年鉴》《中国科技统计年鉴》。同时，为与前文保持一致，仍以 1978 年为基期对样本数据进行物价平减处理。此外，我们对所有变量进行取对数处理，以使数据更为平滑。

二、要素生产率路径的检验结果

（一）基于全国层面的要素生产率路径检验

我们利用中国经济增长质量的效率维度指数对计量模型（7-1）

进行系统 GMM 估计，并根据 Sargan 检验以及 AR（1）、AR（2）检验来识别工具变量的有效性和估计结果的可靠性。环境规制对经济增长质量的要素生产率路径检验结果见表 7 - 1。根据 Sargan 检验、AR（1）和 AR（2）检验结果，表 7 - 1 各列回归模型均无法拒绝"过度识别约束是有效的"的原假设，且均不存在二阶自相关问题，说明表 7 - 1 中各模型的估计结果是可靠的。

表 7 - 1　　　　　基于全国层面的要素生产率路径检验结果

变量	模型（1）	模型（2）	模型（3）	模型（4）	模型（5）	模型（6）
L. *Quality*	0.8669 ***	0.8733 ***	0.8065 ***	0.8124 ***	0.7836 ***	0.7800 ***
	(104.898)	(284.057)	(58.391)	(53.643)	(35.866)	(25.500)
$ER \times LP$	0.0071 **	0.0060 **	0.0054 ***	0.0066 ***	0.0048 **	0.0049 ***
	(2.275)	(2.008)	(3.104)	(3.250)	(2.134)	(3.326)
$ER \times CP$	0.0006 *	0.0005 **	0.0005 **	0.0005 **	0.0004 **	0.0004 **
	(1.771)	(2.101)	(2.256)	(2.125)	(2.098)	(2.157)
K			- 0.0187 ***	- 0.0122 **	- 0.0200 ***	- 0.0214 ***
			(- 3.755)	(- 2.280)	(- 2.726)	(- 2.667)
HC			0.0175 ***	0.0164 ***	0.0081 ***	0.0083 ***
			(5.608)	(5.766)	(2.878)	(3.746)
S				0.0031	- 0.0009	0.0014
				(0.751)	(- 0.173)	(0.295)
RD					0.0110 ***	0.0105 ***
					(3.595)	(3.061)
TI					0.0039 *	0.0036 *
					(1.876)	(1.795)
FDI						0.0050 **
						(2.203)
常数项	0.0902 ***	0.1088 ***	0.0228	0.0523 *	0.0178	0.0280
	(7.117)	(5.591)	(0.761)	(1.925)	(0.553)	(0.735)
地区固定效应	否	控制	控制	控制	控制	控制
年份固定效应	否	控制	控制	控制	控制	控制
Sargan	139.692	147.098	113.627	122.655	103.097	130.499
	[0.716]	[0.552]	[0.988]	[0.950]	[0.999]	[0.873]
AR（1）	- 2.092	- 2.340	- 2.221	- 2.595	- 2.392	- 2.380
	[0.036]	[0.019]	[0.026]	[0.009]	[0.017]	[0.017]
AR（2）	- 1.051	- 0.892	- 1.103	- 1.200	- 1.370	- 1.542
	[0.293]	[0.372]	[0.270]	[0.230]	[0.171]	[0.123]

注：圆括号内是采用聚类稳健标准差得到的 t 值或 z 值；Sargan、AR（1）和 AR（2）检验的第二行数值为相应统计量的伴随概率；*** 、** 和 * 分别表示1%、5%和10%的显著性水平。

表 7-1 第（1）列为不包含任何控制变量及地区固定效应和年份固定效应的系统 GMM 估计。结果显示，变量 $ER \times LP$ 和变量 $ER \times CP$ 的回归系数均至少在 10% 的水平上显著为正，说明当前的环境规制政策能够显著促进劳动生产率和资本生产率的提升，进而有利于经济增长质量在效率维度的改善。考虑到各省份的地区特征差异以及时间趋势的影响，我们从第（2）列开始控制地区固定效应和年份固定效应。相比于第（1）列的估计结果，在控制地区固定效应和年份固定效应后，变量 $ER \times LP$ 和变量 $ER \times CP$ 的方向及显著性均未发生实质性改变。从第（3）列至第（6）列，我们逐步引入资本密集度、人力资本水平、企业规模、自主研发、技术引进、外资等其他控制变量。结果显示，变量 $ER \times LP$ 和变量 $ER \times CP$ 的估计系数依然显著为正，且估计系数的数值呈现缩小趋势，这一方面反映出各列回归模型中并未受到多重共线性的严重影响，回归结果较为可靠；另一方面也说明环境规制通过劳动生产率和资本生产率来影响经济增长质量的作用路径具有一定的稳定性。此外，比较变量 $ER \times LP$ 和变量 $ER \times CP$ 的估计系数大小可以发现，在表 7-1 的各列估计结果中，变量 $ER \times LP$ 的估计系数均明显大于变量 $ER \times CP$ 的估计系数，这反映出，比较而言，环境规制政策更主要的是通过改善劳动生产率而促进经济增长质量的提升。

其他控制变量来看，变量 K 的估计系数显著为负，说明资本密集度的提高并不利于经济增长质量的提升。变量 HC 的估计系数均在 1% 的水平上显著为正，表明人力资本要素是提高经济增长质量的重要因素之一。变量 S 的估计系数不显著，反映出企业规模的大小并未对经济增长质量产生明显影响。变量 RD 和变量 TI 的估计系数均显著为正，说明两种研发投入方式（自主研发和技术引进）都有助于提高经济增长质量。变量 FDI 的估计系数显著为正，与预期相符，说明外资参与也有利于提高中国经济增长的质量水平。这些估计结果与上一部分研究结论保持一致。

（二）基于分区域的要素生产率路径检验

由于中国各地区的经济发展水平不同，各地区政府制定的环境规制政策的强度也存在一定差异。通过前面的经验分析，我们发现环境规制对不同地区经济增长质量的影响存在明显的区域异质性，即对中部地区的促进作用最为显著，其次为西部地区，对东部地区则无明显促进作用。进一步地，本部分我们将从环境规制对经济增长质量的作用路径来分析以上区域异质性的原因。表7-2报告了基于分区域的环境规制对经济增长质量的要素生产率路径检验结果。

表7-2 基于分区域的要素生产率路径检验结果

变量	模型（1）	模型（2）	模型（3）	模型（4）	模型（5）	模型（6）
L. Quality	0.7059 ***	0.6093 ***	0.7330 ***	0.7253 ***	0.8952 ***	0.9049 ***
	(35.923)	(71.651)	(25.227)	(18.536)	(27.831)	(26.534)
$ER \times LP$	0.0043	0.0041	0.0113 ***	0.0107 **	0.0069 **	0.0053 *
	(1.092)	(0.964)	(3.532)	(2.226)	(2.530)	(1.726)
$ER \times CP$	0.0002	0.0002	0.0031 ***	0.0030 **	0.0017 **	0.0014 **
	(0.714)	(0.548)	(3.228)	(2.009)	(2.136)	(2.374)
K		-0.0111		-0.0382 **		-0.0421 **
		(-0.867)		(-2.481)		(-2.558)
HC		0.0489 ***		0.0463 ***		0.0493 ***
		(4.539)		(2.947)		(2.996)
S		0.0087		0.0248		0.0398
		(0.960)		(0.994)		(0.275)
RD		0.0786 ***		0.0635 ***		0.0565 ***
		(5.317)		(6.053)		(4.497)
TI		0.0496 ***		0.0476 ***		0.0431 ***
		(4.671)		(7.998)		(9.511)
FDI		0.0755 *		0.0467 **		0.0253 ***
		(1.826)		(2.426)		(3.906)
常数项	-0.4498 ***	0.1940	-0.2482 *	0.0535	-0.1153	-0.1275
	(-7.695)	(1.441)	(-1.694)	(0.358)	(-0.730)	(-0.889)
地区固定效应	否	控制	否	控制	否	控制
年份固定效应	否	控制	否	控制	否	控制
Sargan	101.025 [0.999]	116.549 [0.980]	107.234 [0.997]	104.130 [0.998]	110.339 [0.994]	113.444 [0.988]

续表

变量	模型（1）	模型（2）	模型（3）	模型（4）	模型（5）	模型（6）
AR（1）	-2.404 [0.016]	-2.778 [0.005]	-2.389 [0.017]	-2.158 [0.031]	-2.104 [0.035]	-2.824 [0.005]
AR（2）	-0.412 [0.680]	-1.235 [0.217]	-1.076 [0.282]	-1.286 [0.198]	-1.383 [0.167]	-1.553 [0.120]
样本类型	东部地区		中部地区		西部地区	

注：圆括号内是采用聚类稳健标准差得到的 t 值或 z 值；Sargan、AR（1）和 AR（2）检验的第二行数值为相应统计量的伴随概率；***、**和*分别表示1%、5%和10%的显著性水平。

表7-2第（1）列和第（2）列为东部地区的要素生产率路径检验结果。结果显示，不管是否加入地区固定效应和年份固定效应以及控制变量，变量 ER×LP 和变量 ER×CP 的估计系数虽都为正向，但不显著，这说明东部地区的环境规制政策并未对劳动生产率和资本生产率产生明显作用，进而对该地区的经济增长质量没有显著影响。表7-2第（3）列和第（4）列为中部地区的要素生产率路径检验结果。从该估计结果可以看出，变量 ER×LP 和变量 ER×CP 的估计系数均至少在5%的水平上显著为正，说明环境规制影响经济增长质量的要素生产率路径在中部地区是显著有效的，中部地区的环境规制政策有助于提高该地区的劳动生产率和资本生产率，进而促进了该地区经济增长质量的改善。表7-2第（5）列和第（6）列为西部地区的要素生产率路径检验结果。结果显示，变量 ER×LP 和变量 ER×CP 的估计系数也均显著为正，说明环境规制影响经济增长质量的要素生产率路径在西部地区也是显著有效的。但相较而言，变量 ER×LP 和变量 ER×CP 在中部地区的估计系数大于在西部地区的估计系数，说明环境规制通过要素生产率影响经济增长质量的作用路径在中部地区比西部地区更为明显。

对比以上检验结果可以看出，环境规制影响经济增长的要素生产率路径在不同区域表现出了显著的差异性，这就解释了本书前面的研究结论，即环境规制对不同地区经济增长质量的影响存在明显的区域异质性，对中部地区的促进作用最为显著，其次为西部地区，对东部地区则无明显促进作用。这可能是因为，东部地区经济起飞较早，与环境保护相关的法律体系、政策措施等较为健全，而随着环境规制强度的不断提高，环境规制对要素生产率和经济增长质量的消极作用逐渐凸显；中部地区作为工业生产的核心区域，存在大量高投入、高排放、高污染的低端生产企业，实施适当的环境规制政策恰好能促进该地区要素生产率的提升和经济增长质量的改善；西部地区经济起步较晚，经济基础也较为薄弱，但随着国家"西部大开发"战略的逐步实施，不断为西部地区提供政策优势，实施与该地区经济发展相适宜的环境规制，能激励该地区企业利用政策红利提高要素生产率，促进西部地区经济增长质量的提升。

（三）基于分行业类型的要素生产率路径检验

前面我们考察了不同类型行业的环境规制对经济增长质量的异质性影响，研究发现，轻度污染行业的环境规制政策不利于经济增长质量的提升，但是这种作用并不明显，而重度污染行业的环境规制政策明显有利于经济增长质量的提升。基于此，我们将利用环境规制影响经济增长质量的要素生产率路径，来揭示环境规制对经济增长质量的影响存在行业异质性的原因。表7-3报告了基于分行业类型的环境规制对经济增长质量的要素生产率路径检验结果。

表7-3　　　　基于分行业类型的要素生产率路径检验结果

变量	模型（1）	模型（2）	模型（3）	模型（4）
L. *Quality*	0.8385 *** (59.828)	0.8445 *** (71.006)	0.8236 *** (33.672)	0.8030 *** (32.149)
$ER \times LP$	−0.0044 (−0.232)	−0.0034 (−0.022)	0.0096 ** (2.100)	0.0104 *** (3.594)
$ER \times CP$	−0.0001 (−0.100)	−0.0001 (−0.061)	0.0007 ** (2.177)	0.0007 ** (3.353)
K		−0.0075 ** (−2.550)		−0.0129 *** (−4.100)

续表

变量	模型（1）	模型（2）	模型（3）	模型（4）
HC		0.0017 **		0.0018 **
		(2.517)		(2.119)
S		0.0009		0.0056
		(0.404)		(0.301)
RD		0.0071 **		0.0084 ***
		(2.207)		(3.578)
TI		0.0032 **		0.0041 **
		(2.294)		(2.567)
FDI		0.0030 **		0.0058 ***
		(2.048)		(2.977)
常数项	0.0977 ***	0.1115	0.0453	0.0820
	(5.750)	(1.489)	(0.612)	(1.335)
行业固定效应	否	控制	否	控制
年份固定效应	否	控制	否	控制
Sargan	143.495	154.699	143.558	139.692
	[0.634]	[0.379]	[0.633]	[0.716]
AR（1）	-2.275	-2.523	-1.725	-2.075
	[0.023]	[0.012]	[0.085]	[0.038]
AR（2）	-0.468	-0.581	-0.712	-0.838
	[0.640]	[0.561]	[0.476]	[0.402]
样本类型	轻度污染行业		重度污染行业	

注：圆括号内是采用聚类稳健标准差得到的 t 值或 z 值；Sargan、AR（1）和 AR（2）检验的第二行数值为相应统计量的伴随概率；*** 、** 和 * 分别表示 1%、5% 和 10% 的显著性水平。

在表 7 - 3 中，第（1）列和第（2）列为轻度污染行业的要素生产率路径检验结果。结果显示，不管是否加入行业固定效应和年份固定效应以及控制变量，变量 $ER \times LP$ 和变量 $ER \times CP$ 的估计系数虽都为负向，但不显著，这说明轻度污染行业的环境规制政策并未对劳动生产率和资本生产率产生显著的促进作用，进而未有效改善经济增长质量。表 7 - 3 第（3）列和第（4）列为重度污染行业的要素生产率路径检验结果。从该估计结果可以看出，变量 $ER \times LP$ 和变量 $ER \times CP$ 的估计系数均显著为正，说明环境规制影响经济增长质量的要素生产率路径在重度污染行业是显著有效的，该行业的环境规制政策有助于提高劳动生产率和资本生产率，进而促进了经济增长质量的改善。以上检验结果反映出，由于不同类型行业的环境规制强度不同，环境规制对要素生产率的影响存在明显的行业异质性，因而其对经济增长质量的影响也呈现出显著的行业异质性。

三、技术创新路径的检验结果

（一）基于全国层面的技术创新路径检验

利用中国经济增长质量的持续性维度指数对计量模型（7 - 2）进行系统 GMM 估计，环境规制对经济增长质量的技术创新路径检验结果见表 7 - 4。根据 Sargan 检验、AR（1）和 AR（2）检验结果，表 7 - 4 各列回归模型均无法拒绝"过度识别约束是有效的"的原假设，且均不存在二阶自相关问题，说明表 7 - 4 中各模型的估计结果是可靠的。

表 7 - 4　　　　　　基于全国层面的技术创新路径检验结果

变量	模型（1）	模型（2）	模型（3）	模型（4）	模型（5）	模型（6）
L. *Quality*	1. 1226 ***	1. 0963 ***	1. 0644 ***	1. 0703 ***	1. 0786 ***	1. 0722 ***
	（130. 576）	（226. 766）	（119. 903）	（132. 352）	（64. 744）	（37. 963）
$ER \times RD$	− 0. 0018 ***	− 0. 0021 *	− 0. 0020 *	− 0. 0021 *	− 0. 0012 *	− 0. 0010 *
	（− 3. 028）	（− 1. 743）	（− 1. 814）	（− 1. 898）	（− 1. 758）	（− 1. 789）
$ER \times TI$	0. 0127 ***	0. 0123 ***	0. 0121 **	0. 0121 ***	0. 0110 **	0. 0108 **
	（2. 970）	（2. 578）	（2. 564）	（2. 934）	（2. 209）	（2. 039）
K			− 0. 0067 *	− 0. 0088 *	− 0. 0134 *	− 0. 0140 *
			（− 1. 929）	（− 1. 878）	（− 1. 878）	（− 1. 819）
HC			0. 0130 ***	0. 0117 ***	0. 0043 **	0. 0047 ***
			（3. 044）	（3. 112）	（2. 305）	（2. 965）
S				− 0. 0031	− 0. 0056	− 0. 0018
				（− 0. 976）	（− 1. 541）	（− 0. 351）
RD					0. 0097 ***	0. 0096 ***
					（7. 113）	（5. 963）
TI					0. 0148 ***	0. 0149 *
					（2. 682）	（1. 930）
FDI						0. 0054 *
						（1. 840）
常数项	0. 1050 ***	− 0. 0403	− 0. 0889 **	− 0. 0972 **	− 0. 1394 ***	− 0. 1223 ***
	（7. 063）	（− 1. 049）	（− 2. 572）	（− 2. 375）	（− 3. 622）	（− 3. 323）

变量	模型（1）	模型（2）	模型（3）	模型（4）	模型（5）	模型（6）
地区固定效应	否	控制	控制	控制	控制	控制
年份固定效应	否	控制	控制	控制	控制	控制
Sargan	147.098 [0.552]	113.627 [0.988]	122.655 [0.950]	103.097 [0.999]	130.499 [0.873]	109.620 [0.994]
AR（1）	-2.222 [0.026]	-2.711 [0.007]	-2.536 [0.011]	-2.305 [0.021]	-2.251 [0.024]	-2.971 [0.003]
AR（2）	-1.382] [0.167]	-1.223] [0.221]	-1.433] [0.152]	-1.531] [0.126]	-1.572] [0.116]	-1.459] [0.144]

注：圆括号内是采用聚类稳健标准差得到的 t 值或 z 值；Sargan、AR（1）和 AR（2）检验的第二行数值为相应统计量的伴随概率；***、** 和 * 分别表示 1%、5% 和 10% 的显著性水平。

表 7-4 第（1）列为不包含任何控制变量及地区固定效应和年份固定效应的系统 GMM 估计。结果显示，变量 $ER \times RD$ 和变量 $ER \times TI$ 的回归系数均在 1% 的水平上显著，但二者的系数方向恰好相反，环境规制与自主研发的交乘项 $ER \times RD$ 显著为负，而环境规制与技术引进的交乘项 $ER \times TI$ 显著为正，这说明在环境规制约束下，自主研发并没有促进经济增长质量改善，反而起到抑制作用，而技术引进却对经济增长质量的提高发挥了显著的促进作用。此外，从环境规制与自主研发的交乘项和环境规制与技术引进的交乘项的系数大小上看，变量 $ER \times RD$ 的估计系数明显小于变量 $ER \times TI$ 的回归系数，因此，环境规制对技术创新的总效应与后者的方向是一致的，这反映出环境规制政策主要是通过倒逼企业以技术引进的方式进行技术创新，进而促进中国经济增长质量水平的提升。

从表 7-4 第（2）列开始控制地区固定效应和年份固定效应。相比于第（1）列的估计结果，在控制地区固定效应和年份固定效应后，变量 $ER \times RD$ 和变量 $ER \times TI$ 的方向及显著性均未发生实质性改变。从表 7-4 第（3）列至第（6）列，逐步引入其他控制变量，变量 $ER \times RD$ 和变量 $ER \times TI$ 的估计系数依然显著，且系数方向也保持一致，这说明以上回归结果具有较好的稳健性。其他控制变量的估计结果也基本与上文保持一致。

（二）基于分区域的技术创新路径检验

本部分我们将进一步考察环境规制影响经济增长质量的技术创新路径是否存在区域异质性。表7-5报告了基于分地区的环境规制影响经济增长质量的技术创新路径检验结果。

表7-5　　　　　基于分区域的技术创新路径检验结果

变量	模型（1）	模型（2）	模型（3）	模型（4）	模型（5）	模型（6）
L. *Quality*	1.0810 ***	1.0794 ***	1.0293 ***	1.0530 ***	1.0770 ***	1.0629 ***
	(108.927)	(34.579)	(69.809)	(106.228)	(92.855)	(47.753)
ER×*RD*	0.0053	-.0031	-0.0091 ***	-0.0076 ***	-0.0066	-0.0042
	(1.376)	(1.498)	(-3.794)	(-2.906)	(-0.917)	(-1.446)
ER×*TI*	0.0065	0.0032	0.0131 ***	0.0125 **	0.0021 *	0.0013 *
	(1.376)	(1.412)	(3.181)	(2.318)	(1.722)	(1.774)
K		-0.0310 ***		-0.0200 ***		-0.0232 ***
		(-4.807)		(-3.273)		(-3.507)
HC		0.0116 ***		0.0044 **		0.0052 ***
		(4.901)		(2.535)		(2.937)
S		-0.0144 ***		-0.0086 **		-0.0048
		(-3.754)		(-2.094)		(-0.809)
RD		0.0187 ***		0.0204 ***		0.0206 ***
		(3.533)		(3.838)		(3.475)
TI		0.0150 ***		0.0054 ***		0.0051 **
		(5.507)		(2.995)		(2.123)
FDI		0.0107 **		0.0064 *		0.0034 *
		(2.379)		(1.779)		(1.690)
常数项	0.0201 **	-0.0835 ***	-0.1805 ***	-0.1998 ***	-0.1968 ***	-0.1785 ***
	(2.052)	(-3.155)	(-5.883)	(-4.737)	(-4.448)	(-4.470)
地区固定效应	否	控制	否	控制	否	控制
年份固定效应	否	控制	否	控制	否	控制
Sargan	129.116	112.760	126.306	121.876	120.096	116.549
	[0.890]	[0.990]	[0.921]	[0.955]	[0.965]	[0.980]
AR（1）	-2.798	-2.095	-2.408	-2.177	-2.123	-2.844
	[0.005]	[0.036]	[0.016]	[0.029]	[0.034]	[0.004]
AR（2）	-1.593	-1.434	-1.154	-1.042	-1.311	-1.483
	[0.111]	[0.152]	[0.248]	[0.297]	[0.190]	[0.138]
样本类型	东部地区		中部地区		西部地区	

注：圆括号内是采用聚类稳健标准差得到的t值或z值；Sargan、AR（1）和AR（2）检验的第二行数值为相应统计量的伴随概率；***、**和*分别表示1%、5%和10%的显著性水平。

表 7-5 第（1）列和第（2）列为东部地区的技术创新路径检验结果。结果显示，不管是否加入地区固定效应和年份固定效应以及控制变量，变量 $ER \times RD$ 和变量 $ER \times TI$ 的估计系数均为正向，但都不显著，这说明东部地区的环境规制政策并未发挥出显著的"创新补偿效应"，以促进该地区经济增长质量的提升。其可能的原因在于，当前东部地区环境保护相关的法律体系、政策措施等较为健全，环境规制强度较高，导致环境规制倒逼企业进行技术创新的"补偿效应"恰好被"抵消效应"所覆盖，进而环境规制通过技术创新影响经济增长质量的作用路径在东部地区并未有效。

表 7-5 第（3）列和第（4）列为中部地区的技术创新路径检验结果。从该估计结果可以看出，变量 $ER \times RD$ 和变量 $ER \times TI$ 的估计系数方向恰好相反，且都较为显著，这与全国层面的估计结果相一致。这一结果说明环境规制通过技术创新影响经济增长质量的作用路径在中部地区是显著有效的，并且环境规制政策主要是通过倒逼企业以技术引进的方式进行技术创新，进而促进该地区经济增长质量的提升。

表 7-5 第（5）列和第（6）列为西部地区的技术创新路径检验结果。结果显示，变量 $ER \times RD$ 和变量 $ER \times TI$ 的估计系数为一正一负，但只有环境规制与技术引进的交乘项 $ER \times TI$ 的系数是显著的，这一方面说明环境规制影响经济增长质量的技术创新路径在西部地区是显著有效的，另一方面也反映出环境规制影响经济增长质量的技术创新路径在西部地区主要是通过技术引进的方式实现的，自主研发的作用渠道并不明显。

综合以上结果分析可以看出，环境规制的技术创新路径在不同区域间也呈现出较大的差异性，这就进一步解释了环境规制对经济增长质量的影响存在区域异质性的原因。

（三）基于分行业类型的技术创新路径检验

类似于上文分析，本部分我们将进一步考察环境规制影响经济增长质量的技术创新路径是否存在行业异质性，进而来揭示环境规制对经济增长质量的影响存在行业异质性的原因。表7-6报告了基于分行业类型的环境规制影响经济增长质量的技术创新路径检验结果。

表7-6　　　　　　基于分行业类型的技术创新路径检验结果

变量	模型（1）	模型（2）	模型（3）	模型（4）
L. *Quality*	1.0887*** (147.265)	1.0598*** (90.417)	1.0358*** (86.034)	1.0749*** (50.989)
$ER \times RD$	-0.0021 (-1.146)	-0.0020 (-1.206)	-0.0036*** (-3.015)	-0.0013** (-2.411)
$ER \times TI$	0.0055 (1.312)	0.0053 (1.281)	0.0208** (2.185)	0.0186** (2.544)
K		-0.0144*** (-3.757)		-0.0243*** (-4.046)
HC		0.0016 (0.843)		0.0059*** (2.886)
S		0.0015 (0.451)		-0.0140*** (-3.108)
RD		0.0150*** (2.949)		0.0184*** (3.017)
TI		0.0014** (2.187)		0.0055*** (3.238)
FDI		0.0049* (1.897)		0.0016** (2.279)
常数项	0.0775*** (2.802)	-0.1636* (-1.866)	-0.2194** (-2.538)	-0.1958** (-2.006)
行业固定效应	否	控制	否	控制
年份固定效应	否	控制	否	控制
Sargan	113.444 [0.988]	110.339 [0.994]	107.234 [0.997]	104.130 [0.998]
AR（1）	1.748 [0.080]	2.295 [0.022]	2.543 [0.011]	2.424 [0.015]
AR（2）	1.271 [0.204]	1.527 [0.127]	1.339 [0.180]	1.470 [0.141]
样本类型	轻度污染行业		重度污染行业	

注：圆括号内是采用聚类稳健标准差得到的t值或z值；Sargan、AR（1）和AR（2）检验的第二行数值为相应统计量的伴随概率；***、**和*分别表示1%、5%和10%的显著性水平。

在表7-6中，第（1）列和第（2）列为轻度污染行业的技术创新路径检验结果，第（3）列和第（4）列为重度污染行业的技术创新路径检验结果。其中，第（1）列和第（3）列为不含任何固定效应控制变量的检验结果，第（3）列和第（4）列均加入了地区固定效应和年份固定效应以及其他控制变量。比较第（2）列和第（1）列以及第（4）列和第（3）列可以发现，不管是否加入地区固定效应和年份固定效应以及控制变量，变量 $ER \times RD$ 和变量 $ER \times TI$ 的估计系数的方向和显著性均未发生实质性改变，说明表 7 – 6 的检验结果是较为可靠的。

从表 7 – 6 的检验结果可以看出，在轻度污染行业，变量 $ER \times RD$ 和变量 $ER \times TI$ 的估计系数虽方向不一致，但均不显著，这说明轻度污染行业的环境规制政策并未对自主研发和技术引进两种技术创新方式产生显著的"补偿效应"，因而并不利于经济增长质量的改善。在重度污染行业，变量 $ER \times RD$ 和变量 $ER \times TI$ 的估计系数方向也不一致，但均为显著，这反映出，重度污染行业的环境规制政策对自主研发主要产生了"抵消效应"，对技术引进主要表现为"创新补偿效应"，而由于变量 $ER \times TI$ 的估计系数大于变量 $ER \times RD$ 的估计系数，所以环境规制对两种技术创新方式的综合效应与技术引进的效应方向一致，即重度污染行业的环境规制通过技术创新的作用路径有利于经济增长质量的提升。

———— 第四节　本章小结 ————

基于本书第六章的研究结论，即实施环境规制政策有利于中国经济增长质量的提高，同时，环境规制对中国经济增长质量的影响主要体现在经济增长效率和经济增长可持续性这两个维度，而对于经济增长的结构维度和稳定性维度的影响并不明显，我们发现，环境规制主要是通过经济增长效率和经济增长持续性这两个维度来影响经济增长质量，而要素生产率和技术创新分别是经济增长质量的效率维度和持续性维度的重要构成指标。因此，在充分借鉴现有相关研究的基础上，本部分将分别从要素生产率和技术创新两个方面分析环境规制对经济增长质量的作用路径，并利用计量模型对这两种作用路径进行实证检验，以为有效实现环境保护和经济高质量增长的双赢提供经验证据。

从作用路径来看，一方面，环境规制可以通过要素生产率路径来影响经济增长质量。环境规制对要素生产率会产生两种作用方向相反的影响，二者之间可能存在着一种非线性的影响关系。因此，在环境规制强度较弱阶段，环境规制将导致企业要素生产率的下降，不利于经济增长质量的提升；而随着环境规制强度的不断加大，这种不利作用会逐渐消退，环境规制反而会提高企业的要素生产率，进而促进经济增长质量的提升。另一方面，环境规制还可以通过技术创新路径来影响经济增长质量。环境规制会通过"抵消效应""约束效应"和"创新补偿效应"对企业的技术创新投入产生综合影响，进而会影响到一国或地区的经济增长质量。

本部分构建了计量模型分别对环境规制影响经济增长质量的要素生产率路径和技术创新路径进行了实证检验，同时考察了两种作用路径的区域异质性和行业异质性。研究结论如下。

第一，环境规制政策能够显著促进劳动生产率和资本生产率的提升，进而有利于经济增长质量在效率维度的改善，即环境规制影响经济增长质量的要素生产率路径是显著有效的。同时，比较而言，环境规制政策更主要的是通过改善劳动生产率而促进中国经济增长质量的提升。

第二，环境规制影响经济增长质量的要素生产率路径存在明显的区域异质性和行业异质性。从区域上看，环境规制影响经济增长质量的要素生产率路径在中部地区最为有效，其次为西部地区，而对东部地区并未发挥有效作用。从行业类型上看，环境规制影响经济增长质量的要素生产率路径在重度污染行业是显著有效的，该行业的环境规制政策有助于提高劳动生产率和资本生产率，进而促进了经济增长质量的改善；而轻度污染行业的环境规制政策并未对劳动生产率和资本生产率产生显著的促进作用，进而未有效改善经济增长质量。

第三，环境规制影响经济增长质量的技术创新路径也是显著有效的，但是两种技术创新方式的作用路径并不一致。在环境规制约束下，自主研发并没有促进经济增长质量改善，反而起到抑制作用，而技术引进却对经济增长质量的提高发挥了显著的促进作用。但总体来看，环境规制对技术创新的总效应与技术引进的方向是一致的，这反映出环境规制政策主要是通过倒逼企业以技术引进的方式进行技术创新，进而促进中国经济增长质量水平的提升。

第四，环境规制影响经济增长质量的技术创新路径也存在明显的区域异质性和行业异质性。从区域上看，东部地区的环境规制政策并未发挥出显著的"创新补偿效应"，以促进该地区经济增长质量的提升；中部地区环境规制政策的技术创新路径是显著有效的，并且该地区的技术创新路径在自主研发和技术引进两种方式上的作用方向是相反的；西部地区环境规制政策的技术创新路径也是显著有效的，但该地区的技术创新路径主要是通过技术引进的方式实现的，自主研发的作用渠道并不明显。

第八章　研究结论与政策启示

本部分对以上章节的研究内容进行梳理，归纳和概括出本书的主要研究结论，并在此基础上，为中国制定适宜的环境规制政策、实现环境保护和经济高质量增长的双赢提供经验参考和启示性建议。

———————— 第一节　主要结论 ————————

在充分吸收已有相关文献的基础上，本书首先对环境规制影响经济增长质量的理论机理进行阐释。通过界定经济增长质量的概念，梳理经济增长质量的理论渊源，对经济增长质量进行理论阐释；然后通过对环境规制与经济增长质量关系的相关理论进行阐释，厘清环境规制影响经济增长质量的理论根源，得出环境规制影响经济增长质量的理论机理，为本书的后续研究作理论铺垫。其次，本书通过梳理中国环境规制政策发展变迁的四个阶段，整理中国现行主要的环境规制类型，对中国环境规制政策的现状进行分析，为后续章节实证分析环境规制对中国经济增长质量的影响提供现实参考。再次，本书从经济增长的结构、效率、稳定性和持续性四个维度来构建指标体系，综合评价经济增长的质量水平。使用熵权法和主成分分析相结合的方法分别测算出经济增长质量的四个分维度指数和综合指数，并根据测算结果分别从总体层面和区域层面分析中国经济增长质量的演进趋势和地区差异。从次，构建环境规制影响经济增长质量的计量模型，分别从全国层面（经济增长质量综合质量和分维度指数）、地区层面（东、中、西部分地区）和行业层面（轻度污染行业和重度污染行业）实证检验环境规制对中国经济增长质量的影响，并考察环境规制影响经济增长质量的区域异质性和行业异质性，同时从改变估计方法、改变估计样本以及改变核心解释变量的衡量指标等几个方面进行稳健性检验，此外，通过拓展性讨论，进一步检验环境规制与经济增长质量之间的非线性关系。最后，基于环境规制对中国经济增长质量的影响主要体现在经济增长效率和经济增长可持续性这两个维度，而要素生产率和技术创新分别是经济增长质量的效率维度和持续性维度的重要构成指标，本书分别从要素生产率和技术创新两个方面分析环境规制对经济增长质量的作用路径，即环境规制影响经济增长质量的要素生产率（包括劳动生产率和资本生产率）路径与技术创新（包括自主研发和技术引进）路径，通过构建计量模型，分别对环境规制影响经济增长质量的两种作用路径进行实证检验，同时考察这两种作用路径的区域异质性和行业异质性。通过以上研究，主要得出以下结论。

第一，基于中国经济增长质量总体层面的测度结果可以看出：（1）中国经济增长的结构维度指数呈现先下降后上升的"U"型变化趋势，即2000~2005年结构维度指数一直处于下降趋势，而2006年后开始逐渐上升，这说明在中国进行市场经济改革和经济结构转型的过程中，过去较不合理的需求结构、产业结构、金融结构、国际收支结构等逐步在朝着合理化的方向改善。（2）效率维度指数和持续性维度指数表现为显著的逐年递增趋势，增长率分别达到41.5%和46.3%，这说明2000~2016年中国的要素生产率和能源利用率在逐步提升，中国在技术创新和制度创新方面也在不断进步，经济可持续发展的能力在稳步提高。（3）稳定性维度指数则呈现出较明显的阶段性特征，即2000~2006年稳定性维度指数表现为上升趋势，而2007~

2016 年则无较大调整，一直维持在一个相对固定的水平，这反映出在此期间中国经济在产出、就业及通货膨胀等方面处于一个较为稳定的状态。（4）综合来看，中国经济增长质量的综合指数在 2000～2016 年呈现出明显的上升趋势，从 2000 年的 1.515 提高到 2016 年的 2.426，年均增长 2.99%。中国经济增长质量综合指数的变化趋势与效率维度指数和持续性维度指数的趋势是一致的，这也再次说明，2000～2006 年中国经济增长质量的提高主要来源于经济增长效率维度和经济增长持续性维度的改善。

第二，基于中国经济增长质量区域层面的测度结果可以看出，中国各省份之间在经济增长质量的分维度指数和综合指数上都表现出了较大的差异性，即中国经济增长的质量水平在区域上很不平衡，并且这种区域间的经济增长质量不平衡性同时也是动态调整的。具体来说：（1）中国区域间经济增长的结构发展水平极不平衡，两极分化情况非常显著。经济增长结构发展较好的地区普遍落入经济较为发达的地区，而中西部地区经济增长结构调整较为缓慢。（2）位于西部地区的陕西省和甘肃省的经济增长效率维度指数在当前最高，经济较为发达的东部地区经济增长的效率维度指数排名也较为靠前，而大多数中西部地区及东北地区经济增长的效率较低，尤其是青海省、宁夏回族自治区和新疆维吾尔自治区等地区。（3）经济增长稳定性较高的地区大多落入东北地区以及中西部地区；东部地区以及南部地区的经济增长速度虽然较快，但经济波动性较大，经济发展容易受到外部环境、内部波动等因素的影响而起伏波动；相对而言，东北地区和西部地区的稳定性较强。（4）各地区在经济增长持续性维度差距悬殊，并且呈现出明显的地域特征。东部地区经济增长持续性水平相对较高，尤其是北京市、天津市和上海市等地区，而中西部地区的经济增长持续性水平整体偏低。（5）各地区经济增长质量综合指数的排名也表现出显著的区域特征，即东部发达地区的经济增长质量水平最高，其次为中部地区，经济增长质量水平最低的是西部地区。此外，当前中国各地区间经济增长质量水平的差异主要来源于各地区在经济增长持续性水平和经济结构水平上的不同。第六，在本书样本初期，一些中部地区省份的经济增长质量水平相对较高，处于全国前列，但是东部发达地区的经济增长质量提升速度较快，逐步达到全国领先水平，而中西部地区经济增长质量的差距不断增大，排名逐渐落后。

第三，对环境规制影响中国经济增长质量进行经验分析，研究发现：（1）在整体层面，通过控制资本密集度、人力资本水平、企业规模、自主研发、技术引进、外资等其他变量以及地区固定效应和年份固定效应，发现加大环境规制强度对提升中国整体的经济增长质量具有显著且稳定的促进作用，环境规制政策有助于实现环境保护和经济增长的双赢局面。但是，环境规制对经济增长分维度指数的影响存在明显的差异性。加强环境规制强度可以在一定程度上促进经济增长质量的效率维度和持续性维度的改善，而环境规制对经济增长质量的结构维度和稳定性维度无显著的促进作用。以上分维度指数的差异化结果反映出，环境规制对中国经济增长质量的影响主要体现在经济增长效率和经济增长可持续性这两个维度，而对于经济增长的结构维度和稳定性维度的影响并不明显。（2）在地区层面，环境规制对不同地区经济增长质量的影响存在明显的区域异质性，即对中部地区的促进作用最为显著，其次为西部地区，对东部地区则无明显促进作用。这可能是因为，东部地区经济起飞较早，与环境保护相关的法律体系、政策措施等较为健全，而随着环境规制强度的逐渐提高，高端企业的技术创新补偿和绿色技术研发成本之间的比较逐渐成为环境规制影响经济增长质量的关键因素；中部地区作为工业生产的核心区域，存在大量高投入、高排放、高污染的低端生产企业，实施适当的环境规制政策恰好能倒逼这些低端生产企业开展绿色技术创新活动，促进该地区要素生产率和经济增长持续性能力的提升，进而有助于提高该地区的经济增长质量；西部地区经济起步较晚，经济基础也较为薄弱，但随着国家"西部大开发"战略的逐步实施，不断为西部地区提供政策优势，政策红利逐渐释放，实施与该地区经济发展相适宜的环境规制政策能发挥创新补偿效应，激励该地区企业加大技术创新力度，促进西部地区经济增长质量的提升。（3）在行业层面，由于不同类型行业的环境规制强度不同，环境规制对经济增长质量的影响呈现出明显的行业异质性，即重度污染行业的环境规制政策对经济增长质量的影响比轻度污染行业更为显著。（4）从控制变量来看，资本密集度的提高并不利于经济增长质量的提升；作为技术进步基本依托的人力资本要素是提高经济增长质量的重要因素之一；企业规模的大小并未对经济增长质量产生明显影响；自主研发和技术引进都有助于提高经济增长质量；外资作为资本、先进技术和管理经验的载体，不仅可以促进中国经济规模的扩张，还可以有效提高中国经济增长的质量水平。以上主要结论在改变估计方法、改变估计样本以及改变核心解释变量的衡量指标后，依然保持稳健。（5）通过拓展性讨论我们发现，环境规制对中国整体的经济增长质量会产生非线性的影响，二者之间存在着正向的倒"U"型动态关系，即在环境规制强度较低时，环境规制政策会促进经济增长质量的提高；但随着环境规制强度的不断提升，这种促进作用会逐渐弱化，当环境规制强度提高到一定水平时，反而会在一定程度上抑制经济增长质量的提高。此外，从经济增长质量的不同维度来看，环境规制对中国经济增长质量的效率维度指数的影响呈现显著的正向倒"U"型特征，对中国经济增长质量的持续性维度指数会产生正向"U"型特征的非线性影响，而对中国经济增长质量的结构维度指数和稳定性维度指数并无显著的非线性影响。

第四，从环境规制影响经济增长质量的作用路径来看，一方面，环境规制可以通过要素生产率路径来影响经济增长质量。环境规制对要素生产率会产生两种作用方向相反的影响，二者之间可能存在着一种非线性的影响关系。因此，在环境规制强度较弱阶段，环境规制将导致企业要素生产率的下降，不利于经济增长质量的提升；随着环境规制强度的不断加大，这种不利作用会逐渐消退，环境规制反而会提高企业的要素生产率，进而促进经济增长质量的提升。另一方面，环境规制还可以通过技术创新路径来影响经济增长质量。环境规制会通过"抵消效应""约束效应"和"创新补偿效应"对企业的技术创新投入产生综合影响，进而会影响到一国或地区的经济增长质量。

第五，对环境规制影响经济增长质量的要素生产率路径和技术创新路径进行实证检验，结果发现：（1）环境规制政策能够显著促进劳动生产率和资本生产率的提升，进而有利于经济增长质量在效率维度的改善，即环境规制影响经济增长质量的要素生产率路径是显著有效的。同时，比较而言，环境规制政策更主要的是通过改善劳动生产率而促进中国经济增长质量的提升。（2）环境规制影响经济增长质量的要素生产率路径存在明显的区域异质性和行业异质性。从区域上看，环境规制影响经济增长质量的要素生产率路径在中部地区最为有效，其次为西部地区，而对东部地区并未发挥有效作用。从行业类型上看，环境规制影响经济增长质量的要素生产率路径在重度污染行业是显著有效的，该行业的环境规制政策有助于提高劳动生产率和资本生产率，进而促进了经济增长质量的改善；而轻度污染行业的环境规制政策并未对劳动生产率和资本生产率产生显著的促进作用，进而未有效改善经济增长质量。（3）环境规制影响经济增长质量的技术创新路径也是显著有效的，但是两种技术创新方式的作用路径并不一致。在环境规制约束下，自主研发并没有促进经济增长质量改善，反而起到抑制作用，而技术引进却对经济增长质量的提高发挥了显著的促进作用。总体来看，环境规制对技术创新的总效应与技术引进的方向是一致的，这反映出环境规制政策主要是通过倒逼企业以技术引进的方式进行技术创新，进而促进中国经济增长质量水平的提升。（4）环境规制影响经济增长质量的技术创新路径也存在明显的区域异质性和行业异质性。从区域上看，东部地区的环境规制政策并未发挥出显著的"创新补偿效应"，以促进该地区经济增长质量的提升；中部地区环境规制政策的技术创新路径是显著有效的，并且该地区的技术创新路径在自主研发和技术引进两种方式上的作用方向是相反的；西部地区环境规制政策的技术创新路径也是显著有效的，但该地区的技术创新路径主要是通过技术引进的方式实现的，自主研发的作用渠道并不明显。

第二节　政策建议

基于以上研究结论，得到如下重要启示。

一、完善环境规制的制度建设，提高环境政策的执行效率

中国目前的环境规制政策还不够完善，并且执行效率偏低，环境规制的效果差强人意。因此我们必须完善环境规制的制度建设，提高环境政策的执行效率。

第一，宏观上强化环境规制的统一性。政府在宏观上应制定环境规制的统一标准，统一执行，杜绝政出多门，把握好政策准入门槛。要意识到政府的宏观政策目标不仅包括经济增长的规模，更应该重视经济增长的质量。在提高经济增长质量的进程中，进一步强化环境规制的作用，从提高资源配置效率、推动技术创新等方面，设置环境规制的总体要求，从而促进经济高质量、可持续发展。

第二，中观上加强政策执行的严肃性，体现差异性。从地区角度，要加强环境规制的执行力，杜绝行政长官任期内对 GDP 的盲目追求，对造成生态环境破坏的要追究其终身责任。同时，在实施环

规制时，需要关注环境规制对于经济增长质量影响的地区差异，体现地区差异性，对不同的地区，在遵循统一环境标准的前提下，出台更为精准的激励和约束措施，使环境规制具有可操作性，而不是绕开规制。鉴于环境规制对经济增长质量的影响呈现"U"型特点，因此要在不同阶段采取不同措施。对于中西部落后地区，从一开始就要严格把关，避免走"先污染、后治理、片面追求经济增长速度"的老路，要把提高准入门槛作为重点，当不能达到环境规制要求时，要引入绿色技术，将提高经济增长质量作为发展目标，以缩小与发达地区的差距。要警惕外资及招商引资中放松对环境规制的要求，人为降低准入门槛，不重视经济增长质量、造成生态破坏，而把生态修复的责任及包袱留给未来的企业进入市场。

第三，微观上增强政策意识。微观上要对企业加强引导，强化政策意识，要求企业在环境规制下去投资创新，防止超越自身能力和技术水平，形成"烂尾"工程，同时，政府也要把好关，对重点项目加强环境影响审核，凡达不到要求的不予准入，从而引导企业自觉地将提高经济增长质量作为首要任务，全面实现我国高质量发展的目标。

二、转变经济增长模式，由成本外生型转为成本内生型

传统的经济增长模式很难实现经济增长数量与经济增长质量的统一，其原因在于，传统的经济增长模式属于成本外生型经济增长模式，即企业在追求经济增长的过程中，将生态环境、资源土地等作为经济增长的外生变量，从不考虑环境恶化、生态污染、资源枯竭等问题，更不会将由于生态环境的破坏所造成的经济增长的成本考虑在内，由此而制约了经济增长的高质量发展。因此，转变经济增长模式成为提高经济增长质量、改善生态环境的最佳选择。通过成本内生型的经济增长模式，将资源、环境、生态作为经济增长的内生变量，追求人与自然和谐相处的经济增长，追求经济增长质量与数量共同

进步。

第一，树立人与自然和谐相处的发展观。人的全面发展为最终目标，以人与自然和谐相处为前提，使经济增长与生态发展相结合，把经济增长的数量、质量相统一，追求人与自然和谐相处的高质量经济增长。

第二，建立低消耗、低污染的生产观，倡导绿色、健康的消费观。在生产中，转变传统的高消耗、高污染、高排放的生产方式，推广清洁能源，鼓励绿色技术创新，发展循环经济，将绿色生产理念贯穿生产的全过程。在消费中，将绿色消费理念植入消费者的行为，提倡文明消费、适度消费、绿色消费理念，降低资源环境的负荷。

第三，建立节能低耗的绿色技术观。鼓励绿色技术创新，以环保低耗、节约资源作为绿色技术创新的核心，研究、开发、推广节能低耗的绿色技术，降低资源耗费，减少环境污染，提高经济增长质量。

第四，建立经济效益、社会效益和生态效益相结合的经济增长评价体系。将经济增长质量评价纳入经济增长评价体系之中，将生态效益上升到国民经济评价体系之中，改变传统片面衡量经济增长数量的评价方法。

三、因地制宜，促进地区生态环境与经济增长的协调发展

环境规制对不同地区经济增长质量的影响存在明显的区域异质性，因此需要因地制宜地制定不同的政策，以促进各地区生态环境与经济增长的协调发展。

第一，对于东部沿海地区的效率增长型省份，一方面应该保持技术创新、产业结构优化带来的经济快速发展，吸引和扩大先进外资流入，合理、有效地提高外资利用效率，使经济增长质量得到有效提升。另一方面，各省份要利用自身的区位优势，带动周边区域经济增长效率的提升，进而扩大效率增长型地区的范围，即北京市和天津市

带动京津冀地区，上海市带动长三角地区，广东省带动珠三角地区。然而，以上效率增长型地区存在较为严重的环境污染问题。因此，这就需要政府部门转变政府职能，为企业发展提供便利，并鼓励企业提高环境保护投入，重视企业在节能减排中的作用。此外，政府应提高环境治理能力，重新设计和改革现有的排污收费政策，加强对企业污染排放的管制，促进环境改善。

第二，对于中西部地区的效率落后型省份，一是要加大产业结构转型的调整力度，加快产业结构升级的进度，鼓励并促进第三产业的快速发展。二是应该强化工业化省份实施新型工业化道路，培育并大力发展高端制造业，降低工业化对生态环境的影响。三是重视资源环境代价问题，以节能减排为重点，注重对能源的保护以及对能源的集中利用，在提高能源使用效率的同时，大力发展新型能源，以实现能源结构的优化，达到节能减排的目标。四是应该加强对外资的筛选与管理，不应盲目引进外资，而应更加注重外资与产业政策调整、市场资源配置等因素的相关促进。

第三，对于海南省、青海省、内蒙古自治区等高环境型地区，首要任务是保护该地区的生态环境现状，该地区的经济发展应该以"增绿""护蓝"为基础，实施可持续发展战略。其次，大力发展第三产业，并规范第三产业发展，在带动经济增长的同时加大环境保护力度，协调好经济发展与环境保护的关系，不断优化资源使用结构，提高经济增长效率，实现该地区经济高质量发展。

四、以创新驱动经济高质量增长

中国经济增长进入中等收入新阶段，提高经济增长的质量水平，其关键路径在于技术创新，根本动力也是技术创新。企业是技术创新的关键主体，其自主创新能力直接决定了技术创新对生产力水平的贡献。因此，促进创新驱动战略的实施，提升经济增长质量，应该发挥企业在创新活动中的主体地位。

第一，应该构建有效的要素价格体系，促进要素自由流动，形成以市场为导向的企业决策机制，激发企业的自主创新活动。不仅要有效利用后发优势，注重引起技术的再创新，强调引起技术和设备的适用性，注重在已有技术上的研发与突破，在缩短与先进技术水平的差距的同时，为未来的技术超越奠定基础。更重要的是，通过完善企业在决策、研发以及生产和销售等多个环境的微观创新系统，提升自主创新能力，提高科研成果的市场有效性，形成企业的核心竞争力。

第二，应进一步加强创新主体间的相互协作，在创新驱动过程中，重视各创新主体间的相互协作，建立和完善产、学、研合作体系。一方面，基于企业技术创新需求，整合高等院校、科研院所和企业的研发优势，促进科研机构和高等院校与企业方面开展多种形式的联合与协作，扩大产、学、研的范围，深化产、学、研的合作层次。另一方面，通过建立公共性的科研技术研发与服务平台，整合各方资源，促进具有技术关联的行业和产业进行联合创新，完善技术的扩散机制，协力突破企业面临的共同技术瓶颈。

第三，政府需要积极推动供给侧结构性改革，通过体制机制改革和政策调整来改变要素所有者面临的激励和约束条件，通过有效的市场竞争机制，提升企业的自主决策能力和自主创新水平，优化企业生产组织方式，提高要素生产率，优化要素配置结构，进而实现中国经济由高度增长阶段向高质量增长阶段转变。

参考文献

［1］［英］庇古. 福利经济学［M］. 金镝，译. 北京：华夏出版社，2007（7）.

［2］［美］巴罗. 经济增长的决定因素：跨国经验研究［M］. 北京：中国人民大学出版社，2004.

［3］白俊红，王林东. 创新驱动是否促进了经济增长质量的提升？［J］. 科学学研究，2016（11）：1725 – 1735.

［4］包群，邵敏，杨大利. 环境管制抑制了污染排放吗？［J］. 经济研究，2013（12）：42 – 54.

［5］蔡昉. 如何认识和提高经济增长质量［J］. 科学发展，2017（3）：5 – 10.

［6］查建平. 环境规制与工业经济增长模式——基于经济增长分解视角的实证研究［J］. 产业经济研究，2015（3）：92 – 101.

［7］柴泽阳，孙建. 中国区域环境规制"绿色悖论"研究——基于空间面板杜宾模型［J］. 重庆工商大学学报（社会科学版），2016，33（6）：33 – 31.

［8］钞小静，任保平. 中国经济增长质量的时序变化与地区差异分析［J］. 经济研究，2011（4）：26 – 40.

［9］陈诗一. 中国的绿色工业革命：基于环境全要素生产率视角的解释（1980—2008）［J］. 经济研究，2010（11）：21 – 34.

［10］程晨，李贺. 环境规制与产业结构调整：一个非线性关系

验证 [J]. 河南社会科学, 2018 (8): 84 - 89.

[11] 程虹, 李丹丹. 一个关于宏观经济增长质量的一般理论——基于微观产品质量的解释 [J]. 武汉大学学报 (哲学社会科学版), 2014 (3): 79 - 86.

[12] [美] 丹尼尔·F. 史普博. 管制与市场 [M]. 余晖, 何帆, 钱家俊, 等译. 上海: 上海三联书店, 上海人民出版社, 1999: 44 - 45.

[13] [英] E.J. 米香. 经济增长的代价 [M]. 任保平, 梁炜, 等译. 北京: 机械工业出版社, 2011 (7).

[14] 樊纲, 王小鲁, 马光荣. 中国市场化进程对经济增长的贡献 [J]. 经济研究, 2011 (9): 4 - 16.

[15] 樊纲, 王小鲁, 朱恒鹏. 中国市场化指数: 各省区市场化相对进程2011年度报告 [M]. 北京: 经济科学出版社, 2011.

[16] 范庆泉. 环境规制、收入分配失衡与政府补偿机制 [J]. 经济研究, 2018 (5): 14 - 27.

[17] 封福育. 环境规制与经济增长的多重均衡: 理论与中国经验 [J]. 当代财经, 2014 (11): 14 - 24.

[18] 傅京燕, 李丽莎. 环境规制、要素禀赋与产业国际竞争力的实证研究——基于中国制造业的面板数据 [J]. 管理世界, 2010 (10): 87 - 98, 187.

[19] 郭克莎. 论经济增长的速度和质量 [J]. 经济研究, 1996 (1): 36 - 42.

[20] 郭熙保, 罗知. 外资特征对中国经济增长的影响 [J]. 经济研究, 2009 (5): 52 - 65.

[21] 韩晶, 刘远, 张新闻. 市场化、环境规制与中国经济绿色增长 [J]. 经济社会体制比较, 2017 (5): 105 - 115.

[22] 郝颖, 辛清泉, 刘星. 地区差异、企业投资与经济增长质

量［J］．经济研究，2014（3）：101 – 114．

［23］何强．要素禀赋、内在约束与中国经济增长质量［J］．统计研究，2014（1）：70 – 77．

［24］［美］赫尔曼·E. 戴利．超越增长——可持续发展的经济学［D］．诸大建，胡圣，译．上海：上海译文出版社，2006．

［25］胡钧．着力提高经济增长的质量和效益［J］．高校理论战线，1995（2）：30 – 32．

［26］黄建欢，谢优男，余燕团．城市竞争、空间溢出与生态效率：高位压力和低位吸力的影响［J］．中国人口·资源与环境，2018（3）：1 – 12．

［27］黄亮雄，王贤彬，刘淑琳，等．中国产业结构调整的区域互动——横向省际竞争和纵向地方跟进［J］．中国工业经济，2015（8）：82 – 97．

［28］黄茂兴，林寿富．污染损害、环境管理与经济可持续增长——基于五部门内生经济增长模型的分析．经济研究，2013（12）：30 – 41．

［29］黄清煌，高明．环境规制对经济增长的数量和质量效应——基于联立方程的检验［J］．经济学家，2016（4）：53 – 62．

［30］黄志基，贺灿飞，杨帆，周沂．中国环境规制、地理区位与企业生产率增长［J］．地理学报，2015，70（10）：1581 – 1591．

［31］［德］霍斯特·西伯特．环境经济学，蒋敏元，译．北京：中国林业出版社，2002．

［32］贾中华，梁柱．贸易开放与经济增长——基于不同模型设定和工具变量策略的考察［J］．国际贸易问题，2014（4）：14 – 22．

［33］蒋伏心，王竹君，白俊红．环境规制对技术创新影响的双重效应——基于江苏制造业动态面板数据的实证研究［J］．中国工业经济，2013（7）：44 – 55．

［34］解垩. 环境规制与中国工业生产率增长［J］. 农业经济研究, 2008（1）: 19 – 25.

［35］金碚. 资源环境管制与工业竞争力关系的理论研究［J］. 中国工业经济, 2009（3）: 5 – 17.

［36］［苏］卡马耶夫. 经济增长的速度和质量［M］. 武汉: 湖北人民出版社, 1983.

［37］孔祥利, 毛毅. 我国环境规制与经济增长关系的区域差异分析——基于东、中、西部面板数据的实证研究［J］. 南京师大学报（社会科学版）, 2010（1）: 56 – 60.

［38］李变花. 中国经济增长质量研究［M］. 北京: 中国财政经济出版社, 2008: 14.

［39］李勃昕, 韩先锋, 宋文飞. 环境规制是否影响了中国工业 R&D 创新效率［J］. 科学学研究, 2013（7）: 1032 – 1040.

［40］李强, 高楠. 资源禀赋、制度质量与经济增长质量［J］. 广东财经大学学报, 2017, 32（1）: 4 – 12.

［41］李珊珊. 环境规制对异质性劳动力就业的影响——基于省级动态面板数据的分析［J］. 中国人口·资源与环境, 2015, 25（8）: 135 – 143.

［42］李小平, 卢现祥, 陶小琴. 环境规制强度是否影响了中国工业行业的贸易比较优势［J］. 世界经济, 2012（4）: 62 – 78.

［43］李小胜, 宋马林, 安庆贤. 中国经济增长对环境污染影响的异质性研究［J］. 南开经济研究, 2013（5）: 96 – 114.

［44］梁洁, 史安娜, 马轶群. 环境规制与中国宏观经济——基于动态随机一般均衡模型的实证分析［J］. 南京农业大学学报（社会科学版）, 2014（2）: 93 – 102.

［45］廖涵, 谢靖. 环境规制对中国制造业贸易比较优势的影响——基于出口增加值的视角［J］. 亚太经济, 2017（4）: 46 – 53.

［46］林春. 财政分权与中国经济增长质量关系——基于全要素生产率视角［J］. 财政研究, 2017（2）: 73－83.

［47］林勇军, 陈星宇. 环境规制、经济增长与可持续发展［J］. 湖南社会科学, 2015（4）: 151－155.

［48］林兆木. 实行经济与社会长期可持续发展战略是我国的必然选择［J］. 宏观经济管理, 1995（11）: 14－15.

［49］林兆木. 提高经济增长质量的六条标准［J］. 卫生经济研究, 1995（8）: 90－93.

［50］刘海英, 赵英才. 中国经济增长中人力资本积累的均衡性选择［J］. 中国软科学, 2005（9）: 66－72.

［51］刘和旺, 郑世林, 左文婷. 环境规制对企业全要素生产率的影响机制研究［J］. 科研管理, 2016, 37（5）: 33－41.

［52］刘家悦, 谢靖. 环境规制与制造业出口质量升级——基于要素投入结构异质性的视角［J］. 中国人口·资源与环境, 2018（2）: 158－167.

［53］刘世锦. 推动经济发展质量变革、效率变革、动力变革［J］. 中国发展观察, 2017（21）: 5－6.

［54］刘树成. 论又好又快发展［J］. 经济研究, 2007（6）: 4－13.

［55］刘伟明. 环境污染的治理路径与可持续增长: "末端治理"还是"源头控制"?［J］. 经济评论, 2014（6）: 41－53, 77.

［56］刘燕妮, 安立仁, 金田林. 经济结构失衡背景下的中国经济增长质量［J］. 数量经济技术经济研究, 2014（2）: 20－35.

［57］陆旸. 环境规制影响了污染密集型产品的贸易比较优势吗?［J］. 经济研究. 2009（4）: 28－40.

［58］马建新, 申世军. 中国经济增长质量问题的初步研究［J］. 财经问题研究, 2007（3）: 18－23.

［59］毛健．论提高我国经济增长的质量［J］．南开经济研究，1995（3）：10－15.

［60］彭德芬．经济增长质量研究［M］．武汉：华中师范大学出版社，2002：3.

［61］彭水军，包群．环境污染、内生增长与经济可持续发展［J］．数量经济技术经济研究，2006（9）：114－127.

［62］彭水军，包群．经济增长与环境污染——环境库兹涅茨曲线假说的中国检验［J］．财经问题研究，2006（8）：3－17.

［63］彭宇文，谭凤连，谌岚，等．城镇化对区域经济增长质量的影响［J］．经济地理，2017，37（8）：86－92.

［64］祁毓，卢洪友，张宁川．环境规制能实现"降污"和"增效"的双赢吗——来自环保重点城市"达标"与"非达标"准实验的证据［J］．财贸经济，2016，37（9）：126－143.

［65］任保平．经济增长质量的逻辑［M］．北京：人民出版社，2015：21.

［66］任保平．经济增长质量的内涵、特征及其度量［J］．黑龙江社会科学，2012（3）：56－59.

［67］任力，黄崇杰．国内外环境规制对中国出口贸易的影响［J］．世界经济，2015，38（5）：59－80.

［68］沈坤荣．经济增长理论的演进、比较与评述［J］．经济学动态，2006（5）：30－36.

［69］沈能，刘凤朝．高强度的环境规制真能促进技术创新吗？——基于"波特假说"的再检验［J］．中国软科学，2012（4）：49－59.

［70］沈能．环境效率、行业异质性与最优规制强度——中国工业行业面板数据的非线性检验［J］．中国工业经济，2012（3）：56－68.

[71]［美］施蒂格勒.产业组织与政府管制［M］.潘振民,译.上海:上海三联书店,上海人民出版社,1996.

[72]宋德勇,赵菲菲.环境规制、资本深化对劳动生产率的影响［J］.中国人口·资源与环境,2018（7）:159-167.

[73]宋马林,王舒鸿.环境规制、技术进步与经济增长［J］.经济研究,2013（3）:122-134.

[74]随洪光,刘延华.FDI是否提升了发展中东道国的经济增长质量——来自亚太、非洲和拉美地区的经验证据［J］.数量经济技术经济研究,2014（11）:3-20.

[75]孙瑾,刘文革,周钰迪.中国对外开放、产业结构与绿色经济增长——基于省际面板数据的实证检验［J］.管理世界,2014（6）:172-173.

[76]孙英杰,林春.试论环境规制与中国经济增长质量提升——基于环境库兹涅茨倒U型曲线［J］.上海经济研究,2018（3）:84-94.

[77]陶长琪,李翠,王夏欢.环境规制对全要素能源效率的作用效应与能源消费结构演变的适配关系研究［J］.中国人口·资源与环境,2018（4）:98-108.

[78]涂红星,肖序.行业异质性、效率损失与环境规制成本——基于DDF中国分行业面板数据的实证分析［J］.云南财经大学学报,2014（1）:21-29.

[79]涂正革,谌仁俊.排污权交易机制在中国能否实现波特效应?［J］.经济研究,2015（7）:160-172.

[80]王洪庆.人力资本视角下环境规制对经济增长的门槛效应研究［J］.中国软科学,2016（6）:52-61.

[81]王积业.关于提高经济增长质量的宏观思考［J］.宏观经济研究,2000（1）:11-17.

［82］王群勇，陆凤芝．环境规制能否助推中国经济高质量发展？——基于省际面板数据的实证检验［J］．郑州大学学报（哲学社会科学版），2018（6）：64 – 70．

［83］王薇，任保平．我国经济增长数量与质量阶段性特征：1978—2014 年［J］．改革，2015（8）：48 – 58．

［84］王文普．环境规制竞争对经济增长效率的影响：基于省级面板数据分析［J］．当代财经，2011（9）：22 – 34．

［85］王小鲁，樊纲，余静文．中国分省份市场化指数报告［M］．北京：社会科学文献出版社，2016．

［86］王玉梅，胡宝光．论经济增长之内涵［J］．市场论坛，2004（5）：24 – 25．

［87］魏敏，李书昊．新常态下中国经济增长质量的评价体系构建与测度［J］．经济学家，2018（4）：19 – 26．

［88］文学国．政府规制：理论、政策与案例［M］．北京：中国社会科学出版社，2012：5．

［89］吴敬琏．以深化改革确立中国经济新常态［J］．探索与争鸣，2015（1）：4 – 7．

［90］吴静．环境规制能否促进工业"创造性破坏"——新熊彼特主义的理论视角［J］．财经科学，2018（5）：67 – 78．

［91］吴明琴，周诗敏，陈家昌．环境规制与经济增长可以双赢吗——基于我国"两控区"的实证研究［J］．当代经济科学，2016（6）：44 – 54，124．

［92］吴延瑞．生产率对中国经济增长的贡献：新的估计［J］．经济学（季），2008（3）：827 – 840．

［93］武义青．经济增长质量的度量方法及其应用［J］．管理现代化，1995（5）：32 – 34．

［94］项俊波．中国经济结构失衡的测度与分析［J］．管理世界，

2008（9）：1－11

[95] 谢靖，廖涵. 技术创新视角下环境规制对出口质量的影响研究——基于制造业动态面板数据的实证分析 [J]. 中国软科学，2017（8）：55－64

[96] 谢众，张先锋，卢丹. 自然资源禀赋、环境规制与区域经济增长 [J]. 江淮论坛，2013（6）：61－67.

[97] 熊鹏. 环境保护与经济发展——评波特假说与传统新古典经济学之争 [J]. 当代经济管理，2005（5）：80－84.

[98] 熊艳. 基于省际数据的环境规制与经济增长关系 [J]. 中国人口·资源与环境，2011（5）：126－131.

[99] 许士春，何正霞. 中国经济增长与环境污染关系的实证分析——来自1990—2005年省级面板数据 [J]. 经济体制改革，2007（4）：22－26.

[100] 闫文娟，郭树龙，史亚东. 环境规制、产业结构升级与就业效应：线性还是非线性？[J]. 经济科学，2012（6）：23－32.

[101] 杨海生，陈少凌，周永章. 地方政府竞争与环境政策——来自中国省份数据的证据 [J]. 南方经济，2008（6）：15－30.

[102] 叶初升. 发展经济学视野中的经济增长质量 [J]. 天津社会科学，2014（2）：98－103.

[103] 原毅军，刘柳. 环境规制与经济增长：基于经济型规制分类的研究 [J]. 经济评论，2013（1）：27－33.

[104] 原毅军，谢荣辉. 环境规制与工业绿色生产率增长——对"强波特假说"的再检验 [J]. 中国软科学，2016（7）：144－154.

[105] [英] 约翰·穆勒. 政治经济学原理 [M]. 北京：商务印书馆，1991.

[106] 詹新宇，崔培培. 中国省际经济增长质量的测度与评价——基于"五大发展理念"的实证分析 [J]. 财政研究，2016（8）：40－53.

[107] 张成, 陆旸, 郭路, 于同申. 环境规制强度和生产技术进步 [J]. 经济研究, 2011 (2): 113 – 124.

[108] 张弛, 任剑婷. 基于环境规制的我国对外贸易发展策略选择 [J]. 生态经济, 2005 (10): 169 – 171.

[109] 张军, 章元. 对中国资本存量 K 的再估计 [J]. 经济研究, 2003 (7): 35 – 43, 90.

[110] 张嫚. 环境规制与企业行为间的关联机制研究 [J]. 财经问题研究, 2005 (4): 34 – 39.

[111] 张同斌. 提高环境规制强度能否 "利当前" 并 "惠长远" [J]. 财贸经济, 2017, 38 (3): 116 – 130.

[112] 张伟, 袁建华, 罗向明. 经济发展差距、环境规制力度与环境污染保险的制度设计 [J]. 金融经济学研究, 2015 (3): 119 – 128.

[113] 张文彬, 张理芃, 张可云. 中国环境规制强度省际竞争形态及其演变——基于两区制空间 Durbin 固定效应模型的分析 [J]. 管理世界, 2010 (12): 34 – 44.

[114] 张志强. 环境规制提高了中国城市环境质量吗?——基于 "拟自然实验" 的证据 [J]. 产业经济研究, 2017 (3): 69 – 80.

[115] 赵红. 环境规制对产业技术创新的影响——基于中国面板数据的实证分析 [J]. 产业经济研究, 2008 (3): 35 – 40.

[116] 赵红. 环境规制对中国产业技术创新的影响 [J]. 经济管理, 2007 (21): 57 – 61.

[117] 赵可, 张炳信, 张安录. 经济增长质量影响城市用地扩张的机理与实证 [J]. 中国人口·资源与环境, 2014 (10): 76 – 84.

[118] 赵霄伟. 地方政府间环境规制竞争策略及其地区增长效应——来自地级市以上城市面板的经验数据 [J]. 财贸经济, 2014 (10): 105 – 113.

［119］赵霄伟.环境规制、环境规制竞争与地区工业经济增长——基于空间 Durbin 面板模型的实证研究［J］.国际贸易问题，2014（7）：82 – 92.

［120］赵英才，张纯洪，刘海英.转轨以来中国经济增长质量的综合评价研究［J］.吉林大学社会科学学报，2006（3）：29 – 37.

［121］赵玉民，朱方明，贺立龙.环境规制的界定、分类与演进研究［J］.中国人口·资源与环境，2009（6）：85 – 90.

［122］支燕，白雪洁.我国高技术产业创新绩效提升路径研究——自主创新还是技术外取？［J］.南开经济研究，2012（5）：51 – 64.

［123］［日］植草益.微观规制经济学［M］.朱绍文，译.北京：中国发展出版社，1992：1 – 2.

［124］钟茂初，李梦洁，杜威剑.环境规制能否倒逼产业结构调整——基于中国省际面板数据的实证检验［J］.中国人口·资源与环境，2015，25（8）：107 – 115.

［125］钟茂初，闫文娟，赵志勇，郑佳佳.可持续发展的公平经济学［M］.北京：经济科学出版社，2013：55.

［126］钟学义.增长方式转变和增长质量提高［M］.北京：经济管理出版社，2001：3.

［127］Alken D V, Pasurka C A. Adjusting the Measurement of US Manufacturing Productivity for Air Pollution Emissions Control［J］. Resource and Energy Economics，2003，25（4）：329 – 351.

［128］Barbera A J, Mcconnell V D. The Impact of Environmental Regulations on Industry Productivity：Direct and Indirect Effects［J］. Journal of Environmental Economics & Management，1990，18（1）：50 – 65.

［129］Barla P, Perelman S. Sulphur Emissions and Productivity Growth in Industrialised Countries［J］. Annals of Public Cooperative Economics, 2005, 76 (2): 275 – 300.

[130] Becker R A. Local Environmental Regulation and Plant-level Productivity [J]. Ecological Economics, 2011, 70 (12): 2516 – 2522.

[131] Berman E, Bui L T M. Environmental Regulation and Productivity: Evidence from Oil Refineries [J]. Review of Economics and Statistics, 2001, 83 (3): 498 – 510.

[132] Brunnermeier S, Cohen M. Determinants of Environmental Innovation in US Manufacturing Industries [J]. Journal of Environmental Economics and Management, 2003, 45 (4): 278 – 293.

[133] Chintrakam P. Environmental Regulation and U. S. States Technical Inefficiency [J]. Economics Letters, 2008, 100 (3): 363 – 365.

[134] Conrad K, Wastl D. The Impact of Environmental Regulation on Productivity in German Industries [J]. Empirical Economics, 1995, 20 (4): 615 – 633.

[135] Domazlicky B R, Weber W L. Does Environmental Protection Lead to Slower Productivity Growth in the Chemical Industry Growth in the Chemical Industry? [J]. Environmental & Resource Economics, 2004, 28 (3): 301 – 324.

[136] Ederington J, Minier J. Is Environmental Policy a Secondary Trade Barrier? An Empirical Analysis [J]. Canadian Journal of Economics/revue Canadienne Deconomique, 2003, 36 (1): 137 – 154.

[137] Fujii H, Managi S, Matousek R. Indian Bank Efficiency and Productivity Changes with Undesirable Outputs: A Disaggregated Approach [J]. Journal of Banking & Finance, 2014 (38): 41 – 50.

[138] Ford J A, Steen J, Verreynne M L. How Environmental Regulations Affect Innovation in the Australian Oil and Gas Industry: Going Beyond the Porter Hypothesis [J]. Journal of Cleaner Production, 2014, 84

(1): 204 – 213.

[139] Fukuyama H F, Weber W L. A Directional Slacks – Based Measure of Technical Inefficiency [J]. Socioeconomic Planning Sciences, 2009, 43 (4): 274 – 287.

[140] Gollop F M, Roberts M J. Environmental Regulations and Productivity Growth: The Case of Fossil—Fuelde Electric Power Generation. [J]. Journal of Political Economy, 1983, 91 (4): 654 – 674.

[141] Gray W B, Shadbegian R J. Plant Vintage, Technology, and Productivity, and Environmental Regulation [J]. Journal of Environmental Economics and Management, 2003, 46 (3): 384 – 402.

[142] Gray W B. The Cost of Regulation: OSHA, EPA and the Productivity Slowdown [J]. American Economic Review, 1987 (77): 998 – 1006.

[143] Hamamoto M. Environmental Regulation and the Productivity of Japanese Manufacturing Industries [J]. Resource & Energy Economics, 2006, 28 (4): 299 – 312.

[144] Isern J, Brabo E, Hirschmann A. Environmental Regulation and Productivity: Evidence from Oil Refineries [J]. Review of Economics & Statistics, 2001, 83 (3): 498 – 510.

[145] Jafeetal A B, Palmer J K. Environmental Regulation and Innovation: A Panel Data Study [J]. Review of Economics and Statistics, 1997, 79 (4): 610 – 619.

[146] Jaffe A B, Newell, R G, Stavins, R N. A Tale of Two Market Failures: Technology and Environmental Policy. Ecological Economics, 2005, 54 (2): 164 – 174.

[147] Johnstone N, Mangi S, Rodriguez M C, et al. Environmental Policy Design, Innovation and Efficiency Gains in Electricity Generation

[J]. Energy Economics, 2017, 63: 106 – 115.

[148] Jorgenson D J, Wilcoxen P J. Environmental Regulation and U. S. Economic Growth [J]. The Rand Journal of Economics, 1990, 21 (2): 314 – 340.

[149] Konisky D M. Regulatory Competition and Environmental Enforcement: Is There a Race to the Bottom? [J]. American Journal of Political Science, 2007, 51 (4): 853 – 872.

[150] Krugman P. Myth of Asia's Miracle [J]. The Foreign Affairs, 1994, 73 (6): 62 – 78.

[151] Lanjouw J O, Mody A. Innovation and the International Diffusion of Environmentally Responsive Technology [J]. Research Policy, 1996, 25 (4): 549 – 571.

[152] Lanoie P, Patry M. Environmental Regulation and Productivity: New Findings on the Porter Hypothesis [R]. Working Paper, 2007.

[153] Lanoie P, Patry M, Lajeunesse R. Environmental Regulation and Productivity: Testing the Porter Hypothesis [J]. Journal of Productivity Analysis, 2008 (2): 121 – 128.

[154] Manello A. Productivity Growth, Environmental Regulation and Win-Win Opportunities: The Case of Chemical Industry in Italy and Germany [J]. European Journal of Operational Research, 2017, 262 (2): 733 – 743.

[155] Mazzanti M, Zoboli R. Environmental Efficiency and Labor Productivity: Trade-Off or Joint Dynamics? A Theoretical Investigation and Empirical Evidence from Italy Using NAMEA [J]. Ecological Economics, 2009, 68 (3): 1182 – 1194.

[156] Meadows D H, et al. The Limits to Growth [M]. New York: Universe Books, 1972.

［157］ Okuma K. Long-Term Transformation of the Economy-Environment Nexus in Japan: A Historical Analysis of Environmental Institutions and Growth Regimes Based on the Regulation Theory ［J］. Evolutionary and Institutional Economics Review, 2016, 13 (1): 217 –237.

［158］ Olga K, Grzegorz P. Sectoral and Macroeconomic Impacts of the Large Combustion Plants in Poland: A General Equilibrium Analysis ［J］. Energy Economics, 2006, 28 (3): 288 –307.

［159］ Palmer K, Gates W E, Portnev P R. Tightening Environmental Standards: The Benefit-Cost or the No-Cost Para digm? ［J］. The Journal of Economic Perspectives, 1995, 9 (4): 119 –132.

［160］ Porter M. E. America's Green Strategy ［J］. Scientific American, 1991, 264 (4): 168.

［161］ Poter M, Linde C. Toward a New Conception of the Environment Competitiveness Relationship ［J］. Journal of Economic Perspectives, 1995, 9 (5): 97 –118.

［162］ Ramanathan R, Black A, Nath P, et al. Impact of Environmental Regulations on Innovation and Performance in the UK Industrial Sector ［J］. Management Decision, 2010, 48 (10): 1493 –1513.

［163］ Sterner T. Environmental Fiscal Reform for Poverty Reduction ［J］. Source OECD Transition Economies, 2005: 1 –111 (112).

［164］ Timo K, Niel B, Rob D. Environmental Cost-Benefit Analysis of Alternative Timing Strategies in Greenhouse Gas Abatement: A Data Environment Analysis Approach ［J］. Ecological Economics, 2009, 68 (6): 1633 –1642.

［165］ Xie R, Yuan Y, Huang J. Different Types of Environmental Regulations and Heterogeneous Influence on "Green" Productivity: Evidence from China ［J］. Ecological Economics, 2017, 132: 104 – 112.

　　［166］ Xinpeng X, Ligang L. Regional Cooperation and the Environment: Do Dirty Industries Migrate? ［J］. Weltwirtschaftliches Archiv, 2000, 136 （1）: 137 – 157.